Contes des petits riens et de tous les possibles

Jacques Salomé

Contes des petits riens et de tous les possibles

Illustrations
Dominique de Mestral

Albin Michel

Dire des contes, ce n'est pas se raconter des contes

Les contes ont tenu dans ma vie d'adulte autant de place que dans mon enfance, à tel point que j'en ai beaucoup écrit.

« Les contes ne parlent pas du monde de l'enfance, mais de l'enfance du monde », dit Henri Gougaud, un des conteurs les plus extraordinaires qu'il m'ait été donné de lire et d'écouter.

Les contes remplissent une foultitude de fonctions, parfois conscientes mais surtout inconscientes. Par exemple, ils permettent de dire non seulement les désirs les plus fous, d'exprimer les sentiments les plus sublimes, mais aussi de parcourir quelques-uns des labyrinthes qui irriguent et nourrissent les désirs. Qu'un désir se situe au « carrefour des jambes et du ventre », dans les méandres complexes de notre esprit, dans les limbes infinis de nos songes ou dans ceux encore plus enchevêtrés de notre cœur, un conte peut aider ce désir à se découvrir, peut-être aussi à s'accepter, à trouver un espace ou, pourquoi pas, à se concrétiser dans un coin de réalité, à moins qu'il ne permette tout simplement de continuer à allumer des étoiles dans notre imaginaire et à faire danser les petites lucioles de nos rêves.

En stimulant en nous les neurones de l'espérance, les contes nous relient à l'immensité d'un savoir universel dont chacun d'entre nous est partie prenante, même si nous ne le savons pas toujours. Ils peuvent nous aider à relier entre elles des connaissances subtiles, à tisser des *reliances* entre le possible et l'impossible qui se combattent voire se déchirent en nous. Ils ont le pouvoir de nous éclairer sur quelques-uns des mystères de la condition humaine et nous donnent ainsi accès à une compréhension plus nuancée et plus authentique de notre histoire personnelle.

De ce fait, il vaut mieux le savoir et l'accepter, les contes envoient des messages à notre inconscient. Un inconscient familier de leur univers, qui sait bien dialoguer avec eux, tout en ayant l'habileté et la délicatesse de nous permettre de nous réjouir, sans aucune culpabilité ni réserve vis-à-vis des savourances (oui, je sais, mais je préfère ce nom à celui de « saveurs ») langagières que les contes nous offrent avec une générosité renouvelée.

« Il était une fois une petite grenouille qui avait très peur d'aimer. Elle croyait que l'amour était la source de beaucoup de souffrances quand il n'était pas partagé, aussi… » Un conte commence et nous emporte dès les premiers mots, il nous ensorcelle dès les premières images qui se télescopent en faisant vibrer des sentiments et des ressentis endormis ou en jachère.

Parfois encore, le conte nous révélera nos aveuglements ou la vérité douloureuse qui se cache derrière une belle image d'amour. Une si belle image d'amour pourtant, comme dans le poème de Robert Desnos : « Il était une fois un homme qui aimait une femme, il était une fois une femme qui aimait un homme, mais il était une fois, une seule fois peut-être, un homme et une femme qui s'aimaient. » Qui s'aimaient au même moment, dans la direction de l'un et de l'autre, autrement dit en réciprocité, ce qui est un des miracles les plus rares de l'amour ! Mais ce que ne dit pas le poème, c'est la suite de l'histoire. Cet homme et cette femme seront-ils capables de nourrir leur amour, de le dynamiser, de lui permettre de croître, de se proposer l'un à l'autre une relation suffisamment écoutante, respectueuse pour que ce bel amour s'inscrive dans le temps, résiste aux ravages de l'habitude ou aux errances du quotidien ?

Un conte peut révéler un non-dit, un secret indicible qui taraude l'aimé ou l'aimée. À un autre moment, un conte peut nous entraîner dans quelques-uns des méandres de nos origines, donner l'occasion à une blessure ouverte de notre enfance de se cicatriser et donc de ne plus polluer une relation conjugale ou familiale conflictuelle. Un autre nous aidera à nous approcher de l'essence même d'une réalité intime qui n'arrive pas à se fondre dans nos attentes les plus secrètes. Un conte peut nous accompagner pour nous soutenir et faire que nous puissions mieux nous relier au réel de l'autre. Un autre encore peut nous permettre d'accéder à de nouveaux partages et à une qualité d'échanges qui nous conduiront à mieux nous accorder ou à nous séparer sans nous détruire mutuellement !

Les contes remplissent ainsi une fonction symbolique importante, essentielle pour nous permettre de nous réconcilier non seulement avec notre passé mais aussi avec quelques-uns des avatars de notre vie actuelle. Alors oser lire des contes, en créer, en offrir ou accepter d'en recevoir me semble une démarche vivante pour nourrir une relation avec des proches et des moins proches. Pour stimuler des émerveillements, des découvertes et des partages avec les enfants et avec les ex-enfants que nous sommes tous.

Il était une fois, seulement une fois…

Il était une fois, seulement une fois, une île unique, où les différents ressentis et sentiments qui irriguent ou animent habituellement chaque être humain vivaient apparemment en bonne entente. Ainsi on pouvait voir le Bonheur côtoyer avec bienveillance la Tristesse, le Savoir s'accorder parfaitement avec la Joyeuseté, l'Amour échanger souvent avec l'Inquiétude, le Temps prendre le temps de s'alanguir et même de rire avec la Colère toujours hors d'elle. On pouvait même voir l'Amour se moquer gentiment de la Jalousie qui, pour une fois, riait aux éclats.

Un jour on annonça aux différents ressentis et sentiments que l'île allait couler et disparaître à jamais, dans les remous d'un immense tsunami comme il en arrivait parfois sur cette planète-là. Chaque ressenti, chaque sentiment prépara alors un moyen de quitter l'île, pour tenter de sauver son existence. Certains construisirent des bateaux, d'autres des radeaux, d'autres encore des montgolfières. Seul l'Amour ne fit rien. Il avait décidé de rester, quoi qu'il puisse arriver.

L'Amour est un sentiment généreux, confiant, plein d'enthousiasme et souvent un peu naïf. Il voulait attendre jusqu'au dernier moment, espérant peut-être l'impossible, attendant l'inespéré, désirant secrètement un miracle à lui seul destiné !

Et puis effectivement, le tsunami annoncé par mille signes qui ne furent pas entendus survint. Il souleva une vague immense, dévastatrice, qui ravagea toute l'île. Quand elle fut sur le point de sombrer, l'Amour qui n'avait pris aucune disposition se décida, un peu dépité et tout de même inquiet, à appeler à l'aide.

La Richesse passait justement à côté de lui dans un luxueux bateau, l'Amour lui cria :

– Richesse, peux-tu m'emmener avec toi ?

– Non, répondit-elle avec assurance, car il y a beaucoup d'argent et d'or sur mon embarcation, et je n'ai aucune place disponible pour toi, ni pour personne d'autre d'ailleurs !

L'Amour s'adressa alors à Sa Majesté l'Orgueil, qui voguait dans les parages sur un magnifique voilier aux voiles étincelantes :

– Orgueil, aide-moi, je t'en prie !

– Je ne peux t'aider, Amour, regarde comme tu es : peu présentable, mal fagoté, agité, tout mouillé, misérable. Pauvre de toi, je ne veux pas te prendre à bord, tu pourrais endommager mon bateau et nuire à mon image.

La Tristesse passait un peu plus loin, en montgolfière, naviguant à l'aveugle vers sa propre solitude. L'Amour l'implora :

– Tristesse, laisse-moi venir avec toi.

– Ô Amour, je suis tellement triste, justement parce que je ne sais pas aimer, j'ai besoin de rester toute seule !

Le Bonheur, heureux et joyeux comme à son habitude, passa aussi à côté de l'Amour, mais il était si heureux, tout entier à son plaisir d'être, qu'il n'entendit même pas l'Amour l'appeler. Le Bonheur, il faut le savoir, est souvent un peu sourd à ceux qui le désirent à tout prix.

Soudain, alors que l'Amour se désespérait d'être sauvé, une voix toute proche murmura :

– Viens, Amour, je te prends avec moi !

C'était une très vieille femme qui flottait dans un tonneau et paraissait très à l'aise. Elle s'approcha et lui fit une place tout près d'elle. L'Amour, entièrement absorbé par son remue-ménage intérieur, se sentait muet de reconnaissance. Il en oublia de parler, d'échanger et même de demander à la vieille dame son nom. Lorsqu'ils arrivèrent sur la terre ferme d'un nouveau continent, la femme laissa l'Amour descendre tout seul du tonneau et s'en alla sans ajouter un mot.

L'Amour réalisa un peu tard qu'il avait oublié de remercier celle qui l'avait secouru. Il s'adressa donc au Savoir qui lézardait au soleil, le regard perdu vers le bleu du ciel :

– Pourrais-tu me dire qui m'a aidé ?

– Bien sûr, c'est la Nostalgie, quelqu'un que je connais bien, répondit le Savoir.

– La Nostalgie ? C'est vraiment la Nostalgie ? interrogea l'Amour. Mais pourquoi m'a-t-elle aidé ?

Le Savoir, qui en plus de ses connaissances semblait détenir aussi beaucoup de sagesse, répondit :

– C'est que la Nostalgie est la seule capable de nous permettre de garder en nous le souvenir de tout le bon que l'on a vécu, même quand ce bon a disparu. La Nostalgie nous fait mieux comprendre combien l'Amour, même s'il ne le sait pas lui-même, doit se vivre au présent et combien il est important de ne pas l'abîmer ou le blesser quand il se dépose en nous ou quand il vient vers nous, offert par celui ou celle qui nous aime. La Nostalgie, tu devrais le savoir, est comme ton ombre. Une ombre qui te précède ou te suit même quand l'Amour n'est plus. C'est la trace – le contour et le plein – en chacun de ce qui demeure quand l'Amour nous quitte.

Conte pour un ourson qui se croyait très malheureux

Il était une fois un petit ours qui se croyait très malheureux. Il se sentait très souvent en colère et parfois même, je dois vous le dire, il paraissait assez désespéré. Vous allez me demander pourquoi il était habité par tous ces ressentis qui le polluaient, l'empêchaient d'être heureux et empoisonnaient toute son existence. La raison en est à la fois simple et complexe. Les parents de cet ourson s'étaient séparés et ils avaient même divorcé. Cela veut dire qu'ils habitaient chacun dans deux tanières différentes, le petit ours vivant la plupart du temps avec sa mère et ne voyant son père que deux dimanches par mois (les semaines paires !) et la moitié des vacances. Ce qui est très peu, au bout du compte d'une année, pour un enfant ours qui aime aussi son père.

L'ourson gardait le souvenir que sa maman et son papa s'étaient beaucoup aimés, qu'il y avait eu entre eux un très grand et bel amour. Et maintenant que ses parents ne vivaient plus ensemble, tout se passait comme si ce temps béni avait été englouti dans les oublis du passé et n'avait jamais existé. Bien sûr, avant qu'ils ne se séparent, il avait bien remarqué qu'entre ses deux parents l'estime, la confiance, le respect avaient disparu. Et vous savez peut-être que l'estime et la confiance sont nécessaires, vitales, indispensables pour habiter ensemble au quotidien des jours, pour partager la même tanière, pour faire des projets en commun.

En fait, sa maman s'était séparée de son papa parce qu'elle n'acceptait plus la relation dans laquelle son mari l'enfermait. Pour le dire simplement, elle ne voulait plus d'une relation à trois entre son mari, sa dépendance à l'alcool de miel et elle-même.

– Il y a quelqu'un de trop quand nous sommes ensemble, il y a un étranger entre toi et moi, et cet étranger, c'est ton alcoolisme ! lui avait-elle dit.

Le conflit lié à une « accumulation de malentendus », comme on dit au pays des ours, venait de ce que le papa du petit ours aimait beaucoup l'alcool de miel. À vrai dire, tous les ours adorent le miel, ils sont prêts à grimper très haut sur un arbre pour dénicher le miel produit par les abeilles dans des ruches sauvages. Mais l'alcool que les ours fabriquent eux-mêmes avec le miel volé aux abeilles est particulièrement recherché. Certains d'entre eux en raffolent et en consomment jusqu'à en abuser. Cela veut dire qu'ils en boivent beaucoup et souvent trop à la fois dans une même journée.

Il faut savoir que dans un premier temps, l'alcool de miel tempère les comportements excessifs et libère les inhibitions, mais comme c'est un alcool très fort, dans un second temps il enivre, c'est-à-dire qu'il fait tourner la tête, modifie le caractère, amène à prendre des risques, par exemple au volant de sa voiture. Mais la conséquence la plus grave, c'est que celui qui boit devient dépendant, il ne peut plus se passer de boire et à la longue toute la famille en pâtit. Chacun de ses membres devient lui aussi dépendant de la dépendance de celui qui boit. Je ne sais si vous me suivez dans les méandres d'une famille où le père boit beaucoup…

Chez les ours, quand le père boit, chacun espère tous les jours que ce soir, demain ou après-demain il arrêtera. C'est une situation terrible et pathétique, car tout l'entourage devient dépendant de quelque chose qui n'arrive pas. Femme, enfants, grands-parents s'accrochent et restent suspendus à un espoir vain qui jamais ne se concrétise au quotidien des jours.

La maman de cet ourson, après plusieurs années de mariage, ne supportait plus que son mari ait besoin d'alcool de miel pour vivre, même s'il lui répétait invariablement et inlassablement que c'était normal pour un ours de boire de l'alcool de miel. Cette situation l'avait tellement exaspérée et insécurisée au fil du temps qu'elle avait pris la décision de quitter son mari, elle n'avait plus confiance en lui. Vous devez savoir que le manque de fiabilité entre un ours et une ourse est capable de détruire le couple même quand l'un et l'autre s'aiment. Quand l'amour est maltraité par l'alcool ou une dépendance importante, au jeu, à la drogue ou à une activité qui ne permet pas à une vie à deux de rester harmonieuse et vivante, alors même le plus bel amour s'épuise, tombe malade et parfois meurt à l'intérieur du cœur de celui qui le portait jusqu'alors.

L'ourson, qui vivait donc chez sa maman, avait tout au fond de lui un très fort désir : que ses parents se réconcilient, reviennent ensemble et reconstituent une famille unie. Au début de la séparation, il avait eu tendance à en vouloir à sa maman, il lui reprochait dans sa tête d'être partie, de ne pas avoir eu assez de patience pour supporter son mari tel qu'il était. Mais tout au fond de lui, il était déchiré, je vous l'ai dit. Il sentait bien qu'en rendant sa mère responsable, il était injuste. Et en même temps il ne pouvait accuser son père qu'il sentait déjà bien mal en point ! Cette situation l'angoissait. En plus, depuis quelque temps, sa mère avait commencé une relation très proche avec un autre ours et l'ourson voyait bien que la séparation de ses parents allait être définitive et irréversible.

Mais son angoisse la plus tenace se situait sur un plan plus profond, dont il ne pouvait parler à haute voix. Voici par exemple les discours qu'il se tenait à lui-même, silencieusement dans sa tête : « Mes parents se sont quittés, ils ont maltraité leur amour parce qu'ils ne s'entendaient pas, parce qu'ils n'arrivaient pas à se mettre d'accord, papa ne voulant pas arrêter de boire et maman ne supportant plus qu'il boive. Alors est-ce qu'ils pourraient un jour ne plus m'aimer et vouloir se séparer de moi ? »

Ce faisant, ce petit ours confondait l'amour parental et l'amour amoureux. Il ne savait pas que l'amour parental, celui que l'on donne à ses enfants, est un amour indestructible, en ce sens qu'il dure toute la vie. Que les parents soient proches ou plus éloignés, qu'ils soient ensemble ou séparés, cet amour ne s'éteint jamais. Il est semblable à une lumière qui va accompagner un enfant, même devenu adulte, tout au long de sa vie. L'amour amoureux, lui, est un sentiment qui surgit entre deux êtres qui ne se connaissaient pas (même s'ils ont parfois l'impression de s'être déjà rencontrés dans une autre existence) et qui va illuminer leur vie tant qu'il durera, tant qu'il sera entretenu, tant qu'il ne sera pas maltraité. L'amour amoureux est souvent un amour merveilleux et éblouissant, mais c'est un amour dont nul ne connaît à l'avance la durée.

Le petit ours ne devrait pas, tel est mon point de vue, ressentir d'inquiétude à propos de l'amour que son père peut éprouver pour lui et encore moins quant à l'amour que sa mère lui porte. Mais il aura aussi à découvrir douloureusement que, quelle que soit la force de son propre amour envers ses parents, cet amour filial, par nature, n'est pas suffisamment fort pour les maintenir ensemble, lorsqu'ils ont décidé pour leur part de se séparer.

On sait qu'il existe des oursons qu'on appelle des « enfants ciment ». Ce sont des enfants qui ont été conçus pour tenter de consolider un mariage en péril, un couple qui menaçait de se séparer. Et, bien sûr, nous savons aussi que ce n'est pas pour cette raison qu'un couple doit faire des enfants ! Si un ours et une ourse décident de concevoir un enfant, c'est pour lui donner vie et tenter de l'élever ensemble.

J'espère que ce petit ours trouvera la paix en lui, en acceptant que ses parents puissent maintenir entre eux une relation parentale aimante, même si la relation conjugale a été (inter)rompue.

Le conte de la petite coccinelle qui ne voulait pas manger tout le bon que sa maman lui préparait avec beaucoup d'amour

Il était une fois une petite coccinelle, une toute petite coccinelle de trois ans et demi – et à trois ans et demi, vous savez, une enfant coccinelle c'est vraiment tout petit ! Sa maman lui avait préparé ce jour-là des épinards pour le repas de midi. Oui, il faut que je vous dise tout de suite qu'au pays des coccinelles, il y a trois repas par jour. Vous avez bien entendu : trois repas, pas un de plus, pas un de moins. Dès le réveil un bon petit déjeuner, puis à la mi-journée un repas consistant et nourrissant, et à la nuit tombante un dîner léger, avant de passer la soirée ensemble et d'aller au lit.

Et il faut savoir aussi, ce point est très important à connaître, que les parents coccinelles sont souvent très inquiets quand leurs enfants ne mangent pas. Eux, ils veulent les faire grandir, ils veulent qu'ils ne tombent pas malades, qu'ils soient sages, qu'ils apprennent à jouer sans trop faire de bruit, à bien travailler à l'école, à ne pas se disputer entre frères et sœurs, à ne pas casser trop vite les jouets, mais aussi à être gentils, polis et bien élevés, à savoir dire merci et à sourire, même à des adultes qui ne les aiment pas. Et bien d'autres choses encore dont la liste est inépuisable. Les parents coccinelles veulent surtout que leurs enfants obéissent tout de suite à une demande, à un ordre ou à un interdit. Ils ont horreur d'être obligés de répéter plusieurs fois la même chose. Mais plus que tout, ils veulent que leurs enfants soient heureux et qu'ils sachent bien que ce bonheur provient essentiellement d'eux, les parents : «Je veux que tu sois heureux, comme cela tout le monde verra que je suis une bonne mère ou un bon père», dira ou pensera fièrement la maman ou le papa.

Donc, ce jour-là, en voyant sa maman arriver avec le plat d'épinards, la petite coccinelle devint toute raide, ne bougeant pas une seule patte, le regard fixé sur le tas vert qui avait atterri dans son assiette. Sa bouche fit tout de suite la moue, son ventre se serra, tout son corps se recula au fond de la chaise, ses mains descendirent sous la table et ses pieds commencèrent à trépigner sur les barreaux. Pour elle, il n'était pas question d'avaler la moindre fourchette ou même demi-fourchette de cette sorte de bouillie infâme toute molle et verte. Dans sa petite tête, les idées s'agitaient vite, vite, tourbillonnaient à toute vitesse. Elle essaya d'inventer quelque chose pour échapper à la catastrophe qu'elle voyait arriver : être obligée de manger des épinards tout verts ! Elle pensa qu'elle pourrait peut-être s'évanouir d'un seul coup, pousser un cri, fermer les yeux et tomber à la renverse pour inquiéter sa mère qui en oublierait les épinards. À moins qu'elle ne s'écrie : « Maman, je suis devenue aveugle, je ne vois plus, je crois que je deviens sourde, je n'entends plus rien, je suis presque morte, je sens la vie qui s'en va de moi. Maman, je t'en prie, pitié pour une petite coccinelle qui risque de mourir si elle mange une seule fourchette de ce qu'il y a dans son assiette… »

Mais voilà que, du coin de l'œil, elle comprend que sa mère est bien décidée et ne capitulera pas. Alors elle lève courageusement sa fourchette et la plonge d'un seul coup dans la purée d'épinards. On entend un grand « splacht ». L'assiette déborde un peu et une partie des épinards se répand sur la table : « C'est toujours autant de moins à manger ! » pense aussitôt la petite coccinelle.

Puis, elle ferme les yeux et fait des ronds dans un sens, puis dans l'autre sens avec la pointe de sa fourchette, très lentement, dans l'attente d'un miracle. Peut-être vont-ils annoncer à la télévision qu'il est interdit, à partir d'aujourd'hui, d'obliger un enfant à manger des épinards s'il ne veut pas ! Mais le poste de télévision est éteint, la radio idem, aucune voisine ne viendra opportunément annoncer : « Vous savez la nouvelle ? Il paraît que les parents qui obligent leurs enfants à manger ce qu'ils n'aiment pas auront une amende très lourde et peut-être qu'on leur confisquera leur voiture ! » Ce serait vraiment un argument décisif pour que les parents arrêtent d'obliger leur enfant coccinelle à manger des épinards ! La petite coccinelle serait sauvée ! Mais la radio reste désespérément silencieuse.

Alors la petite coccinelle ouvre un œil, un seul, et décide de creuser un trou dans la purée d'épinards, de repousser le maximum de purée à droite de l'assiette, tout au bord, encore, encore, jusqu'à ce que, mine de rien, les épinards commencent à tomber sur la table. Puis, dans son assiette, elle fait à gauche un tout petit tas qui sera pour elle – elle ne peut quand même pas manger des épinards qui sont tombés tout seuls de l'assiette ! – et elle se met alors à compter sur ses doigts comme le lui a appris sa grand-mère. Combien peut-il y avoir encore de fourchettes d'épinards sur la partie droite de l'assiette ? Facile, à peine dix.

Elle récapitule : « Donc une fourchette pour les petits Africains qui ont toujours faim, deux fourchettes pour les petits Chinois qui ont vécu le tremblement de terre de la semaine dernière, trois fourchettes pour les Tchéchènes qui sont emprisonnés en Russie. Il reste à peu près quatre fourchettes si j'ai bien compté, elles seront pour le chat de la voisine qui mange de l'herbe quand son estomac est coincé. » Des petits tas s'amoncellent dans l'assiette. « Non, ce n'est pas possible, il y en encore trop, jamais je n'arriverai à vider cette méchante assiette qui le fait exprès, ma parole ! »

La petite coccinelle décide alors de plier une de ses jambes sous ses petites fesses. Cette posture lui permet d'examiner la situation d'un peu plus haut. Mais voilà que sa cheville se met à la gratter… Sans faire exprès, la fourchette tombe par terre. Cette fois, c'est sûr, elle ne peut pas manger, elle ne va quand même pas manger avec une fourchette sale ou pire… avec ses doigts !

À côté d'elle, la maman coccinelle commence à s'énerver un peu, elle semble ne rien comprendre à tous ces langages non verbaux de la petite coccinelle. Elle pense que sa fille fait des histoires pour rien mais, démunie, elle se dit que le problème vient peut-être des épinards. Alors elle abreuve son enfant de questions inutiles :

– Tu veux un peu plus de sel ? Tu veux un peu de beurre ? Tu veux que je mette de la sauce ? Est-ce que ce n'est pas trop froid, je peux réchauffer ton assiette…

Soudain, n'en pouvant plus, la petite coccinelle s'écrie, en détournant la tête, avec une grimace qui déforme son visage :

– De toute façon c'est pas bon !

Ça, c'est une phrase terrible ! Terrible pour toutes les mères qui, neuf fois sur dix, entendent dans le « C'est pas bon » mille autres choses. Par exemple : « Ce que tu as préparé avec beaucoup d'amour ne vaut rien, tu es une mauvaise cuisinière, tu ne sais pas être une bonne maman capable de préparer les bonnes choses qu'un enfant normal a du plaisir à manger ! » Avez-vous remarqué en effet qu'à partir d'une petite phrase de rien du tout prononcée par un enfant, les parents entendent plein, plein de choses qui leur font mal ? Un enfant dit : « Maman, j'ai eu zéro à l'école ! » et sa mère pense : « Mon Dieu, il va devenir chômeur, j'aurais dû l'aider hier au soir à faire ses devoirs, je devrais le laisser moins souvent regarder la télé, je devrais demander à son père de surveiller son travail scolaire, je ne peux pas tout faire dans cette maison… » et plein d'autres phrases encore qui vont se bousculer dans son imaginaire de mère !

Mais cette mère-là, plutôt que de se laisser envahir par des pensées moroses qui lui auraient donné envie de pleurer, demande à sa fille de goûter un peu, avant même de décréter, comme toujours au moment du repas, que « ce n'est pas bon ».

La petite coccinelle, sentant qu'elle a touché un point sensible chez sa mère, se ravise et dit alors :

– J'ai mal au ventre, j'ai très mal au ventre !

La maman pose sa main sur le front de sa petite coccinelle et s'étonne :

– Pourtant tu n'as pas de fièvre ! Ce serait quelque chose que tu aurais mangé cet après-midi à l'école, une contrariété avec ta copine ?…

Et aussitôt, elle se lance dans un grand discours pour expliquer que « c'est mauvais de manger n'importe quoi entre les repas », que « ces grignotages coupent l'appétit, ce n'est pas bon pour la digestion », que « les enfants ont besoin de repas réguliers pour grandir », et surtout que « les petites coccinelles, pour devenir de belles jeunes filles coccinelles, doivent manger de tout, à tous les repas… »

Je crois que le temps est venu de vous dire ce que je pense de cette situation. Dans une vraie vie de famille coccinelle, la maman devrait pouvoir expliquer à ses enfants… qu'il est préférable pour eux de dire tout simplement : « Je n'apprécie pas les épinards en purée. » Chacun devrait pouvoir exprimer ses goûts, sans que cela dégénère chaque fois en drame. Vous me direz alors que la maman pourrait ajouter à ce moment-là : « Et moi, je voudrais que tu puisses apprendre non pas à aimer mais à apprécier les épinards. »

Et pourquoi pas ? Dans cette famille, tous découvriraient ainsi qu'on ne peut pas dicter à l'autre ses sentiments ou ses ressentis. Ils échangeraient alors sur la difficulté de trouver un accord ou conviendraient de rester dans un désaccord concernant tel ou tel aspect de leurs attentes. Ils pourraient aussi s'entendre sur quelques points forts et poser ensemble quelques règles de vie essentielles !

Mais cela suppose que les parents puissent accepter que ce qu'ils préparent avec tant d'amour ne soit pas toujours apprécié par leurs enfants, sans pour autant se sentir remis en cause dans leur personne !

Le conte du petit renard qui avait perdu son père trop tôt

Il était une fois un renardeau qui avait perdu son père alors qu'il allait avoir cinq ans. À cinq ans, vous le savez, c'est difficile de dire la colère qu'il y a tout au fond de soi. D'autant plus difficile que cette colère, le petit renard la ressentait justement contre son père mort ! Une colère qui aurait pu s'exprimer ainsi, s'il avait eu les mots pour la dire : « Papa, tu n'avais pas le droit de mourir, moi j'avais encore besoin de toi. Tu aurais dû faire attention à ta santé, protéger un peu plus ta vie, car la mienne est encore trop fragile. Et puis que tu sois mort signifie aussi que tu ne seras plus là pour m'aider, pour me rassurer, pour me faire découvrir l'immensité du monde, pour me montrer comment un renardeau peut apprendre à devenir un renard adulte… »

Aussi gardait-il en lui toute cette colère. Mais vous savez qu'une colère qu'on garde au fond de soi sort quand même, explose au moment où on l'attend le moins. Ce qui fait que cette colère sortait du corps du petit renard de temps en temps, de façon inopinée et violente. Elle éclatait sur ses petits camarades à l'école et plus tard contre tous ceux qui n'avaient pas la même opinion que lui… Vous commencez certainement à comprendre que cette colère tentait de masquer, de cacher en fait une blessure qui s'était formée, chez le petit renard, à partir de la violence reçue par la disparition de son père.

Comprenez-moi bien : quand un enfant renardeau réalise que son père est mort, qu'il ne le reverra plus, qu'il ne pourra plus l'embrasser ou jouer avec lui, vous devez bien entendre que cette disparition, celle de quelqu'un d'important que l'on aime, fait violence à celui qui reste, et que cette violence s'inscrit dans le corps encore fragile du petit renard, comme une véritable blessure.

Ses proches ou sa maman, s'ils avaient compris l'impact de cette violence produite par la perte d'un être cher, auraient pu inviter le renardeau à trouver un objet, à faire un dessin ou un modelage avec un peu de terre qui puisse représenter la violence reçue par la mort de son papa. Un parent, un proche aurait pu l'accompagner pour qu'il puisse déposer cette violence sur la tombe de son père, avec un petit mot expliquant qu'il s'agissait d'une démarche symbolique : « Papa, je te rends, à travers cet objet, la violence que ta mort m'a faite, je ne veux plus la porter en moi, je ne veux plus risquer de la retourner ni contre moi ni contre les autres, ni plus tard, peut-être, contre mes propres enfants ! Cette violence liée à ta mort te revient... »

Quand ils sont informés qu'une telle démarche est possible, beaucoup de parents, au pays des renards, s'offusquent. Ils pensent dans un premier temps qu'un renardeau ne peut pas comprendre le sens et la finalité de cet acte symbolique, ils prétendent que leur enfant est trop petit, qu'aborder avec lui ce sujet risque même de le perturber davantage. Et pourtant beaucoup d'autres parents, assez nombreux, savent, pour l'avoir expérimenté, combien il est important de permettre à un enfant de se responsabiliser par rapport à ce qu'il ressent !

D'ailleurs, si on pouvait aider ce petit renard à entreprendre cette première démarche, il serait possible de lui proposer, dans un deuxième temps, de dessiner ou de modeler quelque chose représentant cette fois tout l'amour qu'il avait pour son père et qu'il ne pourra plus lui donner. Avec un petit mot d'accompagnement, il pourrait lui dire : « Je te donne, papa, tout l'amour que j'ai en moi et que j'aurais pu partager avec toi dans les vingt, trente ou quarante prochaines années, si tu avais vécu plus longtemps... »

Il est à peu près sûr que si cet enfant renard réalise ces deux démarches symboliques, il deviendra plus solide à l'intérieur et donc capable de traverser sa vie d'enfant et d'adolescent avec moins de doutes, avec plus de confiance en lui, avec plus d'amour pour lui-même. Il pourra mieux se respecter et entrer dans l'existence qui l'attend avec des énergies plus lumineuses et plus dynamiques, qui l'aideront, plus tard, à vivre sa vie de renard adulte !

J'ai écrit ce conte pour un petit renard qui a perdu son père tout récemment.

Mais s'il s'était agi d'un renard adulte je lui aurais dit, tout aussi bien, qu'il lui est toujours possible, même des années plus tard, d'entreprendre cette démarche symbolique afin de soigner en lui l'enfant blessé par la mort de son père survenue quand il avait dix ans. Je lui aurais par exemple proposé de retrouver une photo de lui cette année-là, de se rendre sur la tombe de son père et d'y déposer au nom de l'enfant qu'il a été deux objets symboliques : l'un représentant la violence reçue par la mort de ce père et l'autre tout l'amour inemployé qu'il avait encore en lui pour son papa.

À mon avis, ce serait le plus beau des cadeaux qu'un petit renard ou un renard adulte puisse s'offrir pour se réconcilier avec le meilleur de lui-même.

Il était une fois une petite chèvre qui ne supportait plus sa vie

Tout le monde connaît l'histoire de la petite chèvre de M. Seguin qui voulut conquérir plus de liberté mais le paya au prix de sa vie. L'histoire que je vais vous conter n'est pas banale, et même si elle est pathétique, elle porte en elle un ferment de vie.

Myrtille, la petite chèvre dont je veux vous parler, n'était pas satisfaite, mais pas du tout, de sa vie. Je veux dire qu'elle ne supportait plus la façon dont elle vivait. Elle ne se sentait pas comprise, pas aimée, elle vivait très mal l'image de son corps qui s'était passablement transformé en quelques années, ce qui avait provoqué beaucoup de changement non seulement dans les regards mais aussi dans les attitudes et même les gestes des petits et grand chevreaux qui l'entouraient. Elle était aussi très mal à l'aise à l'intérieur de son corps, dans ses pensées qui étaient très brouillonnes. Un jour elle croyait savoir ce qu'elle voulait et le lendemain elle ne savait plus si ce serait bon pour elle ! Elle commençait à ressentir de l'intérêt pour un livre, pour un chanteur, pour une nouvelle relation, et puis ce livre lui tombait des mains, ce chanteur lui cassait les pieds et la personne qui avait suscité un tant soit peu d'attention chez elle soudain ne représentait plus rien à ses yeux ; elle se demandait même ce qu'elle avait pu lui trouver comme attraits.

Elle était vraiment très insatisfaite de sa vie, de ses études, de ses parents. Elle ne supportait plus leurs problèmes qui débordaient sur elle, l'envahissaient et surtout la polluaient. Elle ne savait même plus où elle en était de ses sentiments réels envers l'un et l'autre.

Sa mère se plaignait toujours de la vie qui n'était jamais comme elle l'aurait voulu. Cette chèvre était passée maîtresse dans l'art de la victimisation. Croyant qu'elle était la femme la plus malheureuse du monde, elle s'arrangeait pour que sa fille s'allie avec elle contre son mari, un bouc qui prétendait ne travailler que pour sa famille, mais qui dégageait beaucoup de temps pour d'autres relations ! Un père plein de bonne volonté mais maladroit quand il prétendait protéger sa fille de l'influence de sa mère en lui assénant :

– Tu sais, ta maman a tout pour être heureuse, mais elle ne sait pas en profiter, alors toi, n'hésite pas, profite de ta vie, tu as tout pour être heureuse !

Il ne comprenait pas qu'en tenant de tels propos, il mettait sa fille sur le même plan que sa femme !

Le résultat était que Myrtille était toute mélangée à l'intérieur. Déçue par ses parents, déçue par ses amis ou pseudo-amis, déçue d'elle-même.

De plus en plus fréquemment des pensées sombres agitaient son esprit : « Mais qu'est-ce que je fais dans cette vie ? Quel est ce monde dans lequel je vis ? Qu'est-ce que je suis vraiment ? Où sont les vrais sentiments et comment les reconnaître ? Est-ce que l'amour existe réellement ? Suis-je capable d'aimer ? » Autant de questions qui tourbillonnaient en elle et auxquelles elle ne trouvait pas de réponses.

Alors, depuis quelques mois, elle maltraitait son corps et, à travers son corps, elle violentait sa propre vie. Elle avait décidé de ne rien manger… enfin, de ne manger que très peu et surtout dans le désordre : elle grignotait un petit brin d'herbe par-ci, une jeune pousse par-là, qu'elle recrachait aussitôt, elle buvait l'eau d'une mare puis décidait de faire pipi dedans, elle vomissait en cachette quand, dévorée par la faim, elle avait avalé précipitamment des tas d'aliments mélangés sans discernement.

On aurait pu penser qu'elle voulait mettre fin (faim) à son existence !

Ce qu'il faut savoir quand même, c'est que Myrtille, la petite chèvre, avait des amies. De vraies amies qui étaient prêtes à l'aider, qui l'invitaient à se faire aider, à commencer ce que l'on appelle au pays des chèvres un « travail sur soi ». Un travail d'archéologie personnelle qui permet de retrouver en soi les traces des violences que l'on a reçues dans son enfance, de mieux cerner les situations inachevées, les amours blessées et ainsi de pouvoir se réconcilier avec soi-même. Un travail qui permet de renoncer à accuser ou à reprocher aux autres d'être ce qu'ils sont, pour accepter de se remettre soi-même en cause et pouvoir rencontrer réellement la personne unique et singulière que l'on est.

Le plus difficile pour Myrtille sera de se libérer des chaînes qu'elle a forgées elle-même, à partir de tous les ressentiments qu'elle a accumulés contre ses parents et le monde entier. Si elle pouvait s'alléger, en renonçant aux accusations contre sa famille, et utiliser les énergies ainsi retrouvées pour s'aimer, se respecter, se responsabiliser et être ainsi fidèle à elle-même, Myrtille pourrait devenir une jeune chèvre réceptive aux bienfaits de la VIE qui est en elle.

Il était une fois une petite girafe qui grandissait trop vite

Je voudrais vous parler de cette petite girafe qui grandissait trop vite, car c'est une histoire étonnante. Julia avait sept ans et déjà sa tête arrivait au niveau de la poitrine de sa maman, oui, exactement à la hauteur où battait son cœur. Et je n'ai pas besoin de vous dire que cette maman était grande comme beaucoup de girafes, mais peut-être encore plus que la moyenne des girafes !

Quand je vous dis que Julia grandissait trop vite, je veux dire par là que c'est surtout son corps qui poussait vers le haut. C'est normal, vous me direz, pour une girafe, mais dans son cas, son corps poussait très vite de partout. Que ce soit ses pattes, son dos, sa poitrine, sa tête, tout poussait en elle. À tel point que sa maman devait lui acheter des vêtements comme pour une enfant de douze ans alors qu'elle n'en avait que sept, vous vous rendez compte ! Sa maman était fière que Julia grandisse et en même temps un peu inquiète. Elle aurait voulu que tout se passe bien, que le corps, la tête, le cœur de sa fille soient bien accordés, que son développement soit, comme on dit, « harmonieux » !

Cependant, tout au fond du cœur de cette petite girafe, il y avait comme un conflit. Une partie d'elle était contente de grandir et l'autre ne voulait pas. En fait une pensée douloureuse torturait son esprit. Julia ne voulait pas grandir trop vite, car elle pensait que si elle n'était plus petite, ses parents l'aimeraient moins et peut-être même plus du tout. Au fond, elle pensait que lorsque les enfants grandissent, les parents aiment moins leurs enfants. Il s'en passe des choses dans la tête d'une petite girafe, je ne sais si vous le savez, mais moi oui.

Alors devinez ce que faisait Julia, la petite girafe ? Eh bien, elle avait plein d'accidents. Oh, les accidents pas très graves, mais qui étaient quand même un peu douloureux et embêtants ! Ces accidents survenaient surtout à l'école des girafes.

Ainsi, par exemple, en descendant un escalier elle trébuchait et se faisait très mal au talon. C'est important le talon pour une girafe, il permet de poser son pied bien à plat pour courir très vite. Donc Julia, pendant plusieurs semaines, ne pouvait plus courir. Une autre fois, c'est son genou qui se tordit et qui la fit souffrir beaucoup, pendant plusieurs mois. Un autre jour, c'est le poignet qu'elle se cassa. On dut même lui mettre un plâtre. Vous imaginez, vous, une petite girafe avec un plâtre ! Elle ne pouvait plus jouer à la balle et à plein d'autres jeux avec ses copines. Un autre jour encore ce fut le coude. Ah, le coude, c'est très fragile chez une enfant girafe. Elle ne pouvait plus lever son bras, ni d'ailleurs serrer son papa ou sa maman tout contre elle.

Voulez-vous que je vous raconte la suite ?

Tout dernièrement, cette petite girafe, toujours dans la cour de récréation de son école, fut poussée contre un mur et là, c'est son dos qui reçut le choc. Un choc tellement fort qu'elle se plia en deux, comme cassée. Vous devinez l'émotion de sa maman quand, prévenue, elle arriva à l'école et vit sa petite girafe toute pliée en deux. Sa taille avait diminué de moitié !

Sa maman se demandait si Julia était réellement contente d'aller à l'école, si elle avait vraiment des amies, si elle ne s'ennuyait pas, si elle avait des difficultés pour comprendre, si elle était rejetée par les autres enfants girafes… Bref, sa maman se faisait du souci. Comme d'autres mamans dans la même situation, elle se disait : « Mais comment ma petite fille peut-elle avoir autant de bobos, autant d'accidents en si peu de temps ? Elle qui est si grande pour son âge, elle devrait quand même faire attention ! »

Ce que ne savait pas cette maman, c'est que sa petite fille avait peur de grandir trop vite et de perdre l'amour de ses parents si elle devenait trop grande.

Je peux vous le dire, elle est courageuse cette petite girafe, très courageuse. Et moi je crois que si quelqu'un pouvait lui dire qu'elle peut grandir à son rythme et que sa taille n'empêchera pas du tout ses parents de l'aimer, alors je suis persuadé qu'elle n'aura plus d'accidents, ni à l'école ni ailleurs.

Il faut que je vous parle des enfants léopards

Il faut que je vous parle à tout prix des enfants léopards. Mais avant, je me dois de dire quelques mots sur les parents léopards.

Et surtout sur les femmes léopards qui, comme vous devez le savoir, sont très possessives et surtout très jalouses. Elles ne supportent pas que leur mari puisse jeter le moindre regard ou témoigner la moindre marque d'intérêt à une autre qu'elles. Et même si cette autre se trouve être leur propre belle-mère, elles ne supportent pas que leur mari téléphone trop souvent à sa maman ! Elles voudraient qu'une fois marié, leur partenaire ne voie plus sa mère qu'une ou deux fois par an et encore...

« Ce serait mieux, pensent-elles sans état d'âme, s'il pouvait s'en passer ! »

Une femme léopard est capable de faire de véritables crises de nerfs. Je ne sais pas si vous avez déjà vu une léoparde exploser, piquer une crise de nerfs, c'est impressionnant et parfois même terrible ! Toute la jungle tremble, les arbres frémissent, les nuages arrêtent même d'avancer dans le ciel, les autres animaux cessent de respirer, de manger, c'est terrifiant ! Telle une véritable furie, elle rugit, gesticule, tourne en rond, se roule par terre, fait la tête, refuse tous les câlins chaque fois que son mari, parce qu'il continue d'aimer sa mère, manifeste le désir de la voir, de pouvoir aller chez elle pour boire un café, demander de ses nouvelles, témoigner de son amour de fils, lui dire qu'il reste son enfant même s'il est marié… enfin, tout ce que peut envisager un ex-enfant léopard devenu adulte vis-à-vis de sa mère en particulier et de ses parents en général.

Sitôt qu'un mari léopard exprime un désir dans ce sens, aussitôt sa femme lui adresse des remarques acides du genre « Tu crois que le café que je te prépare n'est pas assez bon ! Tu crois qu'*elle* te comprend mieux que moi ? » Tout de suite c'est le grand jeu de la culpabilisation, des reproches directs ou indirects : « Alors ta mère est plus intéressante que moi, tu as besoin de lui parler au téléphone pendant des heures maintenant ! Tu crois que c'est elle qui te préparera les repas tous les jours, qui sera là pour s'occuper de toi quand tu seras vieux et perclus de rhumatismes ? » Ou alors la femme léopard joue sur le registre de la virilité, très importante chez les léopards : « Tu n'as peut-être pas suffisamment grandi, tu as toujours besoin de ta petite maman rien qu'à toi, vraiment tu me déçois, tu n'es même pas capable d'être un léopard » (j'allais écrire : tu n'es pas capable d'être un homme !).

Je m'en suis tenu, vous le sentez, à un résumé très expurgé de tous les reproches et accusations qu'une femme léopard peut jeter à la face de son mari, si celui-ci aime toujours autant sa mère qu'avant son mariage !

Vous l'avez donc compris : si vous épousez une léoparde jalouse, alors c'est l'inquisition et l'enfer qui entrent dans votre vie conjugale comme dans votre vie tout court !

Et les enfants léopards là-dedans ? allez-vous me demander. Eh bien, ils souffrent en silence, ils voient et entendent au-dessus de leur tête se déchaîner une tempête de mots et de cris, ils voient leur papa rester muet ou s'excuser, ou quitter la maison en claquant la porte, ou parfois encore crier à son tour contre sa femme. Du coup c'est une escalade d'incompréhensions, de silences et de cris, un climat de violence palpable, insupportable, qui s'installe dans la famille.

Les enfants, eux, vont réagir très différemment, chacun à leur manière. Si c'est un garçon, il plaint son père. Certains voudraient l'aider à se révolter, à s'affirmer devant sa femme. Si c'est une fille, elle a le choix entre deux attitudes. Soit refuser de ressembler un jour à sa mère jalouse qui fait vivre un enfer pareil à son mari : « Moi je ne serai jamais comme ma mère ou alors je ne me marierai jamais ! » Soit, au contraire, la fille peut prendre modèle sur sa propre mère, s'identifier à elle et commencer à cultiver dans son cœur et dans sa tête les motifs d'une jalousie insatiable qui pourra enfler et fuser de toutes parts quand elle sera mariée et prendre ainsi beaucoup de place dans sa vie.

Vous sentez bien qu'aucune de ces résolutions n'est satisfaisante. Cela a pour conséquence que les enfants léopards qui ont un parent jaloux (il y a aussi des pères jaloux, chez les léopards), ces enfants, je peux vous le dire, sont en difficulté. Car ils ne trouvent pas dans leur famille la sécurité, la chaleur, la bienveillance dont un enfant léopard a besoin pour s'épanouir, grandir en accord avec lui-même.

Peut-être qu'un jour, au pays des léopards, on apprendra aux adultes que la jalousie n'est pas de l'amour mais une maladie chronique de l'amour. On leur apprendra que si on laisse s'immiscer de la jalousie dans une relation, celle-ci en est atteinte, blessée, souffrante, et risque même de mourir tant la jalousie est comme un poison qui ronge l'esprit et le cœur si on n'arrive pas à la sortir de sa tête.

L'enfant qui rêvait de grandir très vite

Il était une fois un enfant qui rêvait de grandir très vite, ce qui voulait dire qu'il ne voulait plus être un enfant mais devenir, le plus rapidement possible, une grande personne. Une grande personne libre.

Son rêve le plus cher était d'enjamber son enfance avec des bottes de sept lieues pour lui échapper. Chaque soir il imaginait qu'il pourrait grandir durant la nuit et que le lendemain il serait définitivement adulte.

Être plus grand voulait surtout dire pour lui avoir la liberté de tout faire. Enfin, de faire tout ce qu'il voudrait. Un « tout » qui désignait beaucoup, beaucoup de choses dans son esprit. Par exemple, ne plus obéir aux ordres de sa sœur ou de son grand frère, ne plus être obligé d'embrasser la voisine qui sentait l'oignon et le pipi de chat, ne plus être contraint de se coucher tôt et obligé d'éteindre la lumière, mais surtout avoir la possibilité de quitter sa famille, de partir très loin, peut-être dans les montagnes Rocheuses du Canada, ou d'aller explorer la jungle de Java et même, pourquoi pas, de galoper sur un cheval sauvage jusqu'en Patagonie, là-bas, tout en bas des Amériques, pas très loin du détroit de Magellan et du cap Horn. Il avait étudié très attentivement un atlas pour repérer où était exactement ce bout du monde qu'on appelle aussi la Terre de Feu.

Vous l'avez deviné, cet enfant lisait beaucoup et en particulier il feuilletait souvent un immense atlas qui décrivait dans le détail tous les pays du monde, tous les pays vers lesquels il aurait aimé fuir !

Ne croyez pas que sa vie avait commencé comme un conte de fées, bien au contraire. Elle s'était construite en se nouant autour d'un immense malentendu inconsolable. Sa mère ne l'avait pas désiré. Cela peut vous paraître étonnant, mais le fait est que sa mère ne savait même pas comment elle était « tombée » enceinte, ni ce qui avait pu lui arriver pour qu'elle se retrouve future maman du bébé qu'elle avait porté durant neuf mois et qu'elle avait mis au monde dans la plus grande des solitudes.

Pourtant cela peut se comprendre dans certaines histoires de vie. Comment peut-on désirer un enfant quand on a dix-sept ans et qu'on est soi-même, tout à l'intérieur, une petite fille angoissée par la vie ? Comment peut-on envisager d'être maman alors qu'on a été soi-même abandonnée et qu'on n'a jamais connu sa propre mère ? Comment savoir élever seule un enfant qui n'aura pas de père présent à ses côtés, parce que celui avec lequel il a été conçu est parti ? « Nous étions jeunes, nous avons fait l'amour deux ou trois fois et puis mon partenaire amoureux a disparu, me laissant seule pour découvrir quelques semaines après que j'étais enceinte ! »

Comment alors envisager d'être maman quand on est seule et que l'on ne sait rien de ce qui nous attend ?

Comment aussi accepter de porter un enfant qui parfois a été conçu dans la violence ?

Il arrive à certaines jeunes femmes, durant plusieurs mois, de ne même pas savoir qu'elles sont enceintes. Aucun changement dans leur corps, aucun signe dans leur ventre qui puisse témoigner de la présence d'un bébé. Aucune des manifestations habituelles qui, chez une femme enceinte, signalent qu'un bébé grandit dans son corps. Ce genre de situation arrive dans notre pays et dans bien d'autres contrées, chez des adolescentes voire des adultes qui sont sincères et quand même aveugles. Certes pas très souvent, mais assez pour qu'on lui ait donné un nom, celui de « déni de grossesse ». Alors vous pensez bien que toutes ces situations ont des conséquences et se traduiront chez l'enfant conçu dans de telles circonstances par des comportements et des conduites bizarres ou atypiques.

Vous l'avez compris, cet enfant, que tout le monde appelait Petit Luc, ne se sentait pas heureux comme enfant et cherchait à grandir très vite pour échapper à son enfance.

Mais grandir, vous devez le savoir, ne se fait pas sur commande. Petit Luc avait beau tous les soirs tirer sur ses cheveux et tous les matins accrocher des grosses pierres à chacun de ses pieds, tout en se suspendant à une barre qu'il avait coincée au-dessus du chambranle de la porte de sa chambre pour essayer d'allonger ses jambes, rien n'y faisait !

Il avait entendu dire que manger de la soupe à tous les repas, des lentilles et des épinards plusieurs fois par semaine donnait du calcium et que le calcium faisait grandir les os et le reste... Alors il réclamait à tous les repas des lentilles et des épinards ! Il dévorait sa soupe avec avidité, buvait goulûment du lait et demandait à son meilleur ami qui mesurait quelque vingt centimètres de plus que lui comment il avait fait pour être aussi grand. Et son ami lui répondait invariablement :

– J'en sais rien, moi ! Il paraît que c'est héréditaire, ma mère et mon père aussi sont très grands !

Parfois même son ami ajoutait, perplexe :

– Je ne devrais pourtant pas être grand. On m'a dit que j'étais un prématuré de sept mois ! Il me manque deux mois de gestation. Moi c'est l'inverse de toi, j'aimerais redevenir petit, tout petit, et être de nouveau un petit bébé, bien au chaud dans le ventre de sa mère !

– C'est quoi un prématuré ?

– C'est un bébé qui est né en avance, qui est sorti avant les neuf mois réglementaires ! Moi, j'étais tellement petit qu'on m'a placé dans une boîte à chaussures avec du coton autour !

Petit Luc, fort de ces informations, se demandait si son père était tout petit et pourquoi lui aussi n'était pas né prématuré. Alors il questionnait sa mère :

– Maman, il était comment papa ? Est-ce qu'il était grand ? Combien il mesurait ? Pourquoi tu ne m'as pas fait prématuré ?

Sa maman était embarrassée par ces drôles de questions, elle se demandait ce qui pouvait bien, tout à l'intérieur, préoccuper son fils. Le fait de ne pas avoir connu son père ? Peut-être qu'elle n'était pas une bonne mère pour lui ? Ou encore qu'il n'était pas heureux d'être un garçon, peut-être aurait-il préféré être une fille ?

Vous l'avez sans doute remarqué, les enfants et les parents ne se posent pas les mêmes questions, ils n'ont pas les mêmes préoccupations et ce décalage donne lieu à des silences et à des malentendus fréquents.

Quoi qu'il en soit, Petit Luc voulait grandir à tout prix. Dans un coin de sa chambre, il avait marqué sa taille d'un trait de crayon et avec une planche posée sur sa tête il vérifiait tous les matins s'il avait dépassé le trait... Et chaque fois il se retrouvait dépité devant sa toise improvisée, constatant désespérément que depuis la veille il n'avait pas grandi d'un iota, même pas d'un millimètre ou d'un seul demi-millimètre !

De désespoir, Petit Luc tomba malade. Vous savez que c'est la particularité des enfants de tomber malades ou de produire dans leur corps des douleurs pour tenter de dire l'indicible, c'est-à-dire exprimer avec des maux ce qu'ils ne peuvent pas dire directement avec des mots. Leurs spécialités ? Les maux de ventre (très bonne localisation, car on ne peut jamais savoir d'où ils viennent), les maux de tête (pas mal non plus), les maux de dos (« Je ne peux plus faire d'efforts, je suis trop faible ! »), les maux de genoux (quand un « je » trop personnel a du mal à trouver sa place dans un « nous » trop étouffant), les maux de poitrine (« Là, tout près du cœur, j'ai mal, j'étouffe ! ») et bien d'autres maux, tous aussi nécessaires les uns que les autres, pour montrer et cacher à la fois l'indicible ou l'insupportable !

Mais cette fois-là, c'était du sérieux. Petit Luc avait des vertiges, il n'arrivait pas à se tenir debout car il avait l'impression que le monde autour de lui se mettait à tourbillonner. On appela le docteur qui, après avoir posé son diagnostic, préconisa une mise au vert :

– Cet enfant doit changer d'air. Il lui faut aller à la montagne, respirer l'air pur, prendre du repos et surtout avoir une nourriture plus équilibrée…

Le docteur avait parlé. Pas question de contester.

C'est ainsi que Petit Luc, accompagné de sa mère en larmes, prit le train un matin de printemps pour un endroit qu'on appelait un « sanatorium ». Une grande maison, tout en haut des montagnes. De la fenêtre de sa chambre, il voyait au-dessus de lui un ciel bleu immense et au-dessous un lit de nuages moutonneux jusqu'à l'horizon.

Quand il revint chez lui au bout de deux ans, il avait beaucoup grandi. Pas assez pour faire tout ce qu'il aurait voulu, mais suffisamment pour se sentir relativement sûr de lui. Car il avait acquis une bonne base de confiance qui lui permettait d'aborder le présent et d'envisager l'avenir avec quelques certitudes.

Mais je crois que j'ai oublié de vous dire le plus important. Petit Luc, durant son séjour à la montagne, avait découvert la lecture. Il avait pu lire un ou deux livres par jour. Ainsi, avec la lecture, il avait aussi découvert le vaste monde, plus grand, plus vivant que celui qu'il voyait dans son atlas. Il était entré dedans par l'intérieur, à l'aide des aventures et des récits qu'il avait lus.

De vous à moi, je crois que c'est par la lecture que Petit Luc avait grandi. Il avait commencé à grandir par l'intérieur, puis l'extérieur avait suivi.

La dame aux roses

Il était une fois une vieille dame qui adorait les roses. Par « adorer », je veux dire que les roses habitaient, nourrissaient, embellissaient et égayaient sa vie. Cet amour remontait au temps de son adolescence, lorsqu'elle avait découvert, fascinée, le poème « Mignonne, allons voir si la rose… » écrit par un poète, Pierre de Ronsard, il y a plus de cinq cents ans.

Cet amour pour les roses était plus qu'une passion, c'était de la part de la vieille dame un engagement durable et fiable pour ces fleurs. Peut-être savez-vous comme moi que les roses demandent non seulement des soins mais aussi de la présence, qu'elles souhaitent qu'on leur parle et surtout qu'on puisse déposer sur elles, chaque jour, de l'amour. En retour, elles savent être généreuses avec ceux qui les aiment.

Dans son village, on appelait cette femme la « dame aux roses ». Car dans le regard de ses voisins, elle était associée à cette fleur. Chacun sentait l'amour unique qui circulait entre la vieille dame et ses roses. Il n'était que de voir comment la façade de sa maison était illuminée par trois pieds de roses rouges flamboyantes qui grimpaient jusqu'aux fenêtres du premier étage, comment la haie de roses appelées « Pierre de Ronsard » débordait sur le chemin, comment tout à l'arrière, dans l'intimité d'un jardin minuscule mais parfaitement entretenu, fleurissaient des massifs somptueux.

Et bien sûr chacun, en passant devant la maison de la vieille dame, bénéficiait, sans toujours en être conscient, de cette vibration subtile qui accompagne le parfum d'une rose.

Quand la vieille dame quitta ce monde, quand elle passa de l'autre côté – pour entrer, espérons-le, dans un immense univers peuplé de roses de toutes les couleurs –, son jardin fut en quelque sorte laissé à l'abandon. Les roses durant plusieurs jours s'interrogèrent, attendirent, puis comprirent que la dame ne viendrait plus leur parler, ni les arroser, ni les débarrasser des pucerons, et encore moins leur donner son amour.

Alors, savez-vous ce que firent certaines roses parmi les plus anciennes, parmi les plus belles ? Elles décidèrent de quitter ce monde plus vite que prévu, avec l'espoir, en hâtant leur fin, d'aller rejoindre la vieille dame dans son univers de roses. Ce changement se produisit imperceptiblement, mais un œil averti aurait pu voir que la durée de vie des roses du jardin de la vieille dame s'amenuisait plus vite qu'à l'accoutumée.

Alice, la fille de la dame aux roses, venait de temps à autre entretenir le jardin. Elle tenta de s'occuper des fleurs, mais ne savait pas que chacune réclamait des soins particuliers. Et puis elle n'avait pas le même geste, pas la même odeur, pas la même respiration ni la même présence que sa mère. En somme, elle n'avait pas le même amour que la vieille dame pour ses roses.

Certaines d'entre elles se prirent tout de même d'amitié pour Alice qui entrait dans leur vie, elles se décidèrent à rester encore un peu sur terre ne serait-ce que pour lui faire plaisir. Mais le cœur n'y était plus, leur âme était ailleurs, elles aspiraient à rejoindre la vieille dame qui les avait tant et tant aimées.

C'est ainsi qu'Alice, en fille fidèle de la dame aux roses, comprit que chaque amour est unique et non interchangeable. Qu'un amour ne peut en remplacer un autre. Qu'elle pouvait prendre soin des rosiers, arroser, enlever les mauvaises herbes, faire la guerre aux pucerons, mais ne pouvait pas donner le même amour que celui que sa mère avait offert sans compter son temps, durant tant d'années, aux roses « Pierre de Ronsard » de son jardin.

Si nous savons les écouter, les roses peuvent nous apprendre beaucoup sur l'amour humain.

Le conte de la petite fille qui posait toujours des questions impossibles

Il était une fois une petite fille du nom de Maryline qui posait sans arrêt des questions. Dès le matin en se levant, pendant le petit déjeuner, lors des repas, à tous les moments de la journée et encore le soir dans son lit, juste avant de s'endormir. Maryline posait, posait des questions : « Où est-ce que j'étais avant d'être dans le ventre de ma maman ? », « Pourquoi les garçons bousculent-ils les filles qui parlent entre elles dans la cour de récréation ? », « Est-ce que à toi aussi, papa, le maître pinçait les fesses après la classe ? », « Comment il fait, grand-père qui est au Ciel, pour ne pas tomber sur nous ? », « Pourquoi les parents ont-ils oublié qu'ils avaient été des enfants qui voulaient eux aussi deux fois du gâteau ? » Ce qui dérangeait beaucoup ses parents et même les adultes qui l'entouraient. À mesure qu'elle grandissait, bien sûr, les questions devenaient plus complexes et peut-être plus gênantes : « Où va la tendresse qu'on ne donne pas ? », « Que devient notre amour quand celui qu'on aime n'en veut plus ? », « Où va le bonheur quand le malheur arrive ? »

Mais je dois vous dire que la petite Maryline ne se contentait pas de poser des questions. En fait, pour chacune d'elles, elle avait une réponse qu'elle se hâtait de partager avec son chat ! Lui l'écoutait, ne lui coupait pas la parole et en plus Maryline sentait qu'il la comprenait, car chaque fois il clignait des yeux comme pour dire : « Je suis bien d'accord avec toi ! »

Pour le bonheur, par exemple, qui disparaît quand le malheur arrive, elle disait :

– Moi, je crois qu'il doit y avoir dans chaque maison un petit coin où les bonheurs peuvent se reposer, se cacher, sinon ils seraient perdus au-dehors, dans le froid, et on ne les reverrait plus jamais. Car j'ai remarqué que les bonheurs reviennent quelquefois très vite, sitôt qu'on a chaud dans son cœur !

Il faut savoir que les adultes aiment en général les questions simples, concrètes, directes, auxquelles ils peuvent répondre tout de suite par une réponse destinée à supprimer la question.

– Pourquoi la maman de Noémie crie toujours après elle ?

– Parce qu'elle est fatiguée de toutes les bêtises que fait Noémie ! répondait sa mère avec force conviction.

Voilà une réponse qui paraît claire, qui donne une belle explication au comportement de la maman de Noémie, mais qui permet surtout de ne rien entendre de l'interrogation contenue dans la question de Maryline. Car il y a toujours une interrogation derrière une question, une interrogation plus importante que la question, tous les enfants du monde le savent, mais apparemment pas les parents !

Il est évident que si les parents réfléchissaient un peu, ils comprendraient que les questions ne sont pas posées pour être supprimées par une réponse. Les questions sont faites pour amorcer un échange, un partage ou une mise en commun. Une mise en commun justement autour de l'interrogation qui se cache derrière toute question.

Questions et réponses sont comme les morceaux d'un puzzle qui s'emboîtent et à la fin, quand on accepte de laisser surgir tout ce qu'il y a derrière la question, le résultat de l'assemblage obtenu dessine quelque chose qu'on n'aurait jamais soupçonné avant. Quelque chose de plus important que la question, quelque chose qui préoccupe réellement l'enfant.

Il y a aussi, il faut l'accepter, des questions complexes qui ne nécessitent pas de réponses, mais veulent être simplement entendues pour ensuite germer lentement dans l'esprit de celui qui les pose ou à qui la question est adressée.

Maryline – que tout le monde appelait Marylune – posait surtout des questions qui n'avaient pas besoin de réponses. Tout son plaisir résidait dans la question qui déclenchait chez elle une autre question, laquelle entraînait une autre question. Des questions qui, comme des oiseaux, s'élançaient vers la lumière du ciel pour chasser les ombres et les inquiétudes d'une petite fille de sept ans.

Des questions à tiroirs, des questions nuages, des questions soleils et aussi des questions océans ou encore des questions silences, qui permettaient à Marylune de voyager dans l'univers immense des mystères du monde.

Ce n'est que plus tard, beaucoup plus tard, que Marylune, devenue femme, puis maman, commença à comprendre pourquoi, enfant, elle posait toujours des questions. Ce matin-là, quand sa fille lui demanda : « Maman, comment tu sais que mon papa est mon vrai papa ? », Marylune s'apprêtait à lui apporter une réponse claire, simple, évidente et réaliste, du genre « Je le sais parce que c'est avec lui que j'ai fait l'amour et que je t'ai conçue ! » mais elle préféra s'abstenir et essaya d'entendre l'interrogation derrière la question. Elle prit sa fille dans ses bras, la regarda longuement et lui dit :

– Moi je sais, tout au fond de moi, que ton papa est vraiment ton papa, mais toi, qu'est-ce que tu en dis ?

– Moi je dis, répondit sa fille, qu'on peut se tromper de papa, que des fois il y a des mamans qui donnent à un enfant un papa qui ne lui correspond pas, qui n'est pas le bon papa !

– Comment ça, qui ne correspond pas ? demanda Marylune, sentant son cœur battre très fort.

– Eh bien, ma copine Alexandra, elle m'a dit que sa maman s'était trompée de papa. Que ce n'était pas avec son mari qu'elle aurait voulu faire Alexandra, mais avec son premier amour, quand elle avait seize ans, le garçon qu'elle avait connu et aimé au lycée et dont elle gardait toujours le souvenir en elle… Même si plus tard elle s'est mariée avec l'homme qui est devenu le papa d'Alexandra, tout au fond d'elle, elle sait que c'est pas lui qu'elle aurait voulu comme père pour sa fille. Alexandra m'a dit que l'autre jour sa maman pleurait en lui confiant ce secret et en même temps elle lui disait que ce n'était pas grave, que le papa d'Alexandra l'aimait beaucoup… Mais Alexandra, elle sent bien que ce papa-là est comme un papa de remplacement, un peu comme un papa d'occasion !

Alors Marylune entendit en elle pour la première fois que, tout enfant, elle-même s'était posé cette question : « Avec qui ma mère aurait-elle voulu me faire ? » Et que durant toute son enfance, les questions qu'elle posait sans se décourager à toutes les grandes personnes qu'elle rencontrait et surtout à son chat tournaient toutes autour de cette interrogation : « Avec qui ma mère aurait-elle aimé me faire ? »

Chez les humains, il faut parfois attendre longtemps, passer d'une génération à l'autre pour obtenir quelques bribes de réponses sur nos origines, pour découvrir de quel amour nous sommes nés, à partir de quel(s) désir(s) nous avons été conçus !

Le conte du petit garçon allergique aux plumes de pigeon

Je ne sais quasiment rien de Gilou, le petit garçon dont je vais vous raconter un peu de l'histoire. Je dis « un peu » car on ne peut jamais savoir la totalité de l'histoire d'un enfant. Il y a tout ce que nous, les adultes, voyons, percevons, vivons avec eux et puis il y a toute une partie invisible, secrète qui nous échappe. Et cette partie-là est parfois la plus importante, c'est celle qui laissera le plus de traces dans la vie d'un ex-enfant devenu adulte.

De Gilou, j'avais appris qu'il était allergique aux plumes d'oiseaux. Quand un oiseau croisait ce petit garçon ou qu'il voletait autour de lui, aussitôt son corps se couvrait de boutons rouges, il se mettait à tousser et n'arrêtait pas de se gratter. C'est son père qui m'avait parlé de son enfant et donné ce détail :

– Mon fils se couvre de boutons dès qu'il y a un oiseau qui se pose à terre près de lui ou qui passe au-dessus de sa tête ! Depuis quelque temps – et cela nous inquiète, sa mère et moi –, il refuse de sortir de la maison. Il se tient assis, la tête dans les genoux, dans un coin de sa chambre et pleure si nous voulons l'emmener avec nous, il ne veut plus aller à l'école, je ne sais plus quoi faire !

Le père de Gilou était un homme très occupé et surtout très passionné. Or il se trouve que la passion de ce père était… les pigeons ! Une passion si importante qu'il disait lui-même qu'elle occupait cent pour cent de sa vie ! Un peu plus tard il me confia :

– Je m'occupe de plusieurs centaines de pigeons dans mon laboratoire, j'étudie leur façon de communiquer, de se lier, de former un couple, j'essaie de comprendre comment ils constituent une famille, comment ils s'occupent de leurs enfants, comment ils leur apprennent à voler, à trouver leur nourriture, à se protéger des autres animaux qui pourraient leur faire du mal. Tout cela est passionnant !

Et pendant que cet homme parlait, je voyais son petit garçon qui l'écoutait les yeux grands ouverts, attendant de son père un regard, une attention, un éloge peut-être. Mais son père, tout à son enthousiasme pour les pigeons, ne voyait même pas son propre enfant, là, tout proche, à l'affût de la moindre marque d'intérêt…

Comment n'avais-je pas fait le lien plus tôt ? Ce n'est que plus tard, de façon tout à fait fortuite, en écoutant une émission de radio sur une grande antenne nationale, que j'entendis ce que Gilou disait avec ses boutons, en restant dans un coin de sa chambre.

C'était l'hiver de l'année où la grippe aviaire avait commencé à donner du souci aux autorités sanitaires françaises. La presse et les médias s'étaient enflammés sur les risques de propagation de la maladie. Surtout après que quelques cygnes malades eurent été retrouvés atteints sur le territoire français. Ce matin-là, la radio ouvrait son antenne aux auditeurs et les invitait à poser leurs questions. On les assurait de réponses concrètes sur les précautions à prendre pour éviter toute propagation de la maladie aux poules, aux canards et peut-être aux humains.

Quelques instants plus tard j'entendis un homme qui disait son inquiétude et demandait conseil. Il était colombophile, il avait plus de cent pigeons dont il s'occupait avec ferveur. Il était soucieux, il craignait des contaminations… Que pouvait-il faire ? Il précisa qu'il mettait déjà un masque et des gants quand il soignait ses précieux pigeons.

– Vous êtes inquiet à ce point ? demanda l'animateur radio.

– Non… mais je me protège, pour ne pas déranger mon fils, car il est très allergique aux plumes d'oiseaux !

Et cet homme, sans parler plus longuement de son fils, enchaîna sur sa passion de colombophile qui ne lui laissait « pas une minute », qui l'occupait « vingt-quatre heures sur vingt-quatre » ! Il cita les concours auxquels il participait dans plusieurs pays étrangers, évoqua les soins à donner aux pigeons, les correspondances qu'il entretenait avec d'autres colombophiles. Il parla avec enthousiasme, avec ferveur même, de ce qui faisait l'essentiel de sa vie, selon ses propres mots.

L'essentiel de sa vie !

– Une vraie passion alors ? dit l'animateur.

– Oh oui ! Totale ! Totale ! répondit-il.

Ce dernier mot me toucha. Je ne sais plus ce qui fut dit dans la suite de l'émission. Je ressentis seulement un petit déclic dans ma tête… Comme deux cordons électriques qui, en se rejoignant, provoquent une étincelle. Un « Eurêka ! » Avec d'un côté cette passion du père qui lui prenait l'essentiel de sa vie… et de l'autre l'allergie de son petit garçon.

Mais de quelle allergie s'agissait-il ? À quoi l'enfant était-il vraiment allergique ? Aux plumes d'oiseaux ou à la passion dévorante de son père qui ne lui laissait aucun temps libre, à une passion qui l'occupait vingt-quatre heures sur vingt-quatre et sept jours sur sept ?

Seul son petit garçon pourrait le dire. Encore que je croie qu'il le disait, qu'il le criait avec beaucoup de courage. Sans être entendu. Comme le petit Gilou, du moins pour l'instant !

Le conte du petit loup qui s'était enfermé dans le piège du tout ou rien

Au pays des loups, ce n'est pas une grande nouveauté de le dire, l'éducation des enfants n'est pas facile. Car ce qui caractérise un petit loup, il faut que je vous le précise dès maintenant, c'est qu'il a des désirs très gros, beaucoup plus importants que le corps d'un petit loup ne peut en contenir.

Et bien sûr, très vite, chaque petit loup veut à tout prix que ses parents réalisent tous ses désirs. Que chacun, père ou mère, réponde OUI à toutes ses attentes, que l'un et l'autre n'hésitent pas un seul instant à combler toutes ses demandes ! Et comme cela n'est jamais totalement réalisable – car les parents loups sont entourés d'une réalité qui, elle, ne s'accorde pas toujours avec les demandes d'un enfant –, cela déclenche chez les petits loups beaucoup de revendications, de frustrations et surtout de colères. Les enfants ne savent pas toujours que leurs parents ne sont pas tout-puissants, qu'ils ne maîtrisent pas toujours la réalité, qu'ils sont soumis à des contraintes, à des choix à faire entre des désirs et des besoins, entre ce qui est possible et ce qui n'est pas possible, entre l'urgence et ce qui peut être remis à plus tard.

Mais un enfant loup ignore toutes ces limites et limitations, lui n'entend que ce qui l'anime et le pousse à satisfaire son désir ! Oui, car au pays des loups, il ne faut pas l'ignorer, le vrai désir, c'est celui de voir se réaliser son désir et surtout d'en retirer plaisir et satisfaction. Quand le désir d'un enfant loup n'est pas immédiatement satisfait, naît en lui de l'insatisfaction. Il n'entend et ne ressent plus à ce moment-là que sa frustration, laquelle va se traduire par différents comportements pénibles à supporter pour l'entourage et en particulier pour les parents.

Surgissent des bouderies, de la colère, de la rage, des refus, des cris et parfois même de l'agressivité. Et bien sûr tous ces comportements et attitudes d'opposition et de provocation génèrent des conflits avec le parent ou celui qui n'a pas répondu au désir du petit loup.

Il arrive quelquefois – et c'est le cas du petit loup dont je veux vous parler – que certains aient des réactions et des conduites très curieuses. Puisqu'ils n'ont pas tout, alors ils ne veulent rien, mais rien du tout, ils se ferment à tout. Au pays des loups on appelle cette réaction extrémiste le « piège du tout ou rien ».

Pour comprendre comment ce piège fonctionne et comment ses mâchoires se referment, il faut décrire ce qui, dans un premier temps, se passe dans la tête du petit loup : « Si tu ne me donnes pas tout ce que je souhaite, je préfère ne rien avoir, je refuse tout ce qui vient de toi ! Comme ça je peux t'accuser de ne pas m'aimer, de ne pas me comprendre, d'être une méchante mère, un père qui ne comprend jamais rien ! » Ou encore, s'il s'agit de l'école : « Comme ça je peux te reprocher d'être une institutrice ou un instituteur qui m'en veut, qui m'a pris en grippe, qui me dit toujours non, qui est injuste », etc.

La plupart des parents loups passent beaucoup de temps à tenter d'apprendre à leurs petits qu'ils ne peuvent pas toujours dire oui à chacune de leurs demandes, qu'ils ne peuvent pas réaliser tous leurs désirs. Ils expliquent que ce n'est pas le bon moment, peut-être plus tard ce sera possible, qu'« il y a d'autres priorités »... Certains parents sont très ouverts, ils ont lu des livres de psychologie sur les relations parents-enfants, ils pensent qu'ils devraient aider leurs enfants à renoncer à certains de leurs désirs ou, tout au moins, à la réalisation immédiate de quelques-uns d'entre eux. Ils pensent qu'on peut apprendre à un enfant à remettre la satisfaction de ses désirs à plus tard, à lâcher prise sur ses souhaits d'être satisfait tout de suite. Ils veulent faire comprendre à leur enfant que le renoncement est la base même de la liberté à laquelle il accédera plus tard, en découvrant que pouvoir choisir, c'est accepter de renoncer ! Ils essaient de le convaincre de ne pas accorder trop d'importance à la privation, qu'on peut être heureux avec ce que l'on a, sans se rendre malheureux en ne voyant que ce que l'on n'a pas !

C'est vraiment difficile de faire comprendre à un petit loup – surtout s'il a décidé de punir ses parents en se privant de tout – que choisir ce n'est pas renoncer à tout. Certains enfants loups, en choisissant le rien, renoncent au tout selon une logique implacable : « Puisque je ne peux pas avoir le tout, je préfère tout refuser ! » Ils renoncent en fait à tout le reste, à tout ce qui pourrait leur donner quand même du plaisir. Ainsi celui qui ne sait pas différer ou renoncer à un plaisir immédiat, qui ne peut remettre à plus tard la réalisation de son désir, risque de vivre en permanence dans un système infernal dont le cycle est sans fin : autoprivation → frustration → accusation de l'autre ou du monde entier → ressentiment → autoprivation, etc.

Vous l'aurez compris, tout le travail éducatif des parents loups consiste à montrer à leurs enfants que le renoncement n'est pas une punition, ni une privation totale, mais un déplacement du choix que l'on peut faire entre différentes options possibles. Plus tard par exemple, si ce même petit loup, devenu grand, choisit de vivre avec une louve, qui sera elle aussi d'accord pour vivre avec lui, alors il devra renoncer à vivre avec toutes les autres louves. Vous savez que certains loups n'y parviennent pas, ils ne peuvent se résoudre à choisir et ont une vie amoureuse multiple partagée entre plusieurs louves…

Le renoncement donne beaucoup de liberté à celui ou à celle qui comprend que choisir A, c'est aussi accepter de se priver de B, C, D, etc.

Quand un enfant loup devient capable de choisir ce qui est accessible ou faisable, il n'a pas besoin de se désespérer de ne pas avoir ce qui ne lui appartient pas ni de souffrir par rapport à ce qui lui est inaccessible ou ce qui pour l'instant n'est pas faisable pour lui.

Mais tous les enfants loups n'ont pas cette capacité ou cette maturité. Ainsi, au pays des loups, beaucoup, beaucoup d'enfants loups se font souffrir, sont désespérés, n'apprécient pas ce qu'ils ont, restent frustrés, déçus, amers et en colère en imaginant tout ce qu'ils n'ont pas et qu'ils devraient, selon eux, obtenir tout de suite.

Je sais, je sais, vous allez penser que j'incite à la passivité, que j'invite chacun à accepter son sort, que je sous-entends qu'il faut éviter de rechercher ce que nous n'avons pas et se contenter de ce qu'on a, que ce n'est pas la peine de rêver, que vouloir changer le monde ne sert à rien…

Relisez alors ce conte pour tenter d'entendre le message de liberté qu'il recèle.

Le conte d'un très bel amour qui ne put se vivre dans la durée

Tous les amours – d'ailleurs ils vous le diront eux-mêmes – doivent se vivre au présent, dans l'intensité de l'instant, dans le plein du partage, dans la joyeuseté du plaisir vécu en réciprocité. Car comme nul ne sait la durée de vie d'un amour, ceux qui aiment devraient savoir qu'ils risquent de voir leur amour ou celui de l'autre s'éteindre, disparaître ou se perdre s'ils ne sont pas suffisamment attentifs à aimer au présent.

L'histoire que je veux vous raconter, c'est celle de deux fleurs qui ne s'aimaient pas du même amour. L'amour entre deux fleurs n'est pas impossible, c'est même moins rare qu'on ne le croit, mais sur certaines planètes, certaines variétés de fleurs ont une sensibilité très vive, très épidermique, une sensibilité en miroir. En fait, ces fleurs-là veulent recevoir en retour le même amour que celui qu'elles donnent. Elles veulent que l'autre les aime comme elles aiment, avec la même intensité, la même profondeur, la même force et surtout avec le même attachement. Le premier message, généralement silencieux, qu'une fleur aimante envoie est souvent une variante de l'injonction suivante : « Si je t'aime, tu dois m'aimer, donc tu ne dois jamais me quitter ! »

L'une de ces fleurs était une splendide rose trémière, très belle, dont les couleurs chatoyantes illuminaient tout le jardin où elle s'épanouissait. Resplendissante de jeunesse, elle avait une maturité printanière pleine de charme qui attirait tous les regards. L'autre était une fleur de tournesol, un « soleil », comme on les appelle aussi. Au XIXe siècle, un peintre célèbre en peignit de splendides, qui sont exposés dans quelques-uns des plus célèbres musées du monde.

Mais ne croyez pas que cette fleur de tournesol était un soleil étincelant, pas du tout, c'était au contraire un vieux soleil fatigué, qui le matin avait tout juste la force de se tourner vers le levant et le soir encore à peine suffisamment d'énergie pour regarder le couchant. Ce tournesol eut une grande faiblesse, il commit une grossière erreur, celle de se laisser aimer par la rose trémière et de répondre à cet amour, de l'aimer à son tour avec l'amour de tournesol qui était en lui, tel qu'il le ressentait.

Les circonstances de leur rencontre tiennent du miracle car, pour tout dire, ils n'auraient jamais dû se croiser, encore moins ouvrir une relation d'amour entre eux ! L'une, encore dans son éblouissante jeunesse, était très recherchée et très entourée, alors que l'autre, dans la gravité de son âge, pour ne pas dire de sa vieillesse, était plutôt occupé à se maintenir tout droit, utilisant l'essentiel de ses énergies à rester vivant, simplement vivant. Cependant, dès le premier jour, ils se regardèrent, se parlèrent et eurent rapidement une relation proche, bonne, pleine de partages éblouis et d'échanges merveilleux. Ces deux fleurs vivaient, l'une et l'autre, tout le bon de cette relation d'amour, au cours de rencontres rares, aléatoires, car elles ne vivaient pas dans le même pays.

Comment alors faisaient-elles ? allez-vous me demander. Mais le plus simplement du monde. Elles se donnaient rendez-vous, pouvaient passer des jours et des nuits entières ensemble dans des lieux où étaient présentées les plus belles fleurs du monde : dans des salons internationaux tels Florama ou Florissimo ou encore les Floraliesses.

Mais au bout de deux saisons, le plus difficile pour le vieux tournesol fut de dire à la rose trémière :

– Je ne peux plus, je ne veux plus poursuivre nos échanges, je veux arrêter la relation, je ne vais plus te voir !

Le plus douloureux et surtout le plus insupportable pour la rose trémière toute rose, qui pâlit d'un seul coup, fut de ne pas croire que leur relation allait s'arrêter, qu'elle n'allait plus pouvoir rencontrer le tournesol qu'elle aimait, qu'ils n'allaient plus jamais partager des moments de tendresse et de plaisir.

Ce que la rose éprouva à l'intérieur d'elle, après l'annonce du tournesol, je n'arrive pas à trouver les mots pour le dire. Ce fut plus que douloureux et insupportable. Je ne connais pas d'expressions équivalentes dans le langage des humains pour dire ce qu'elle ressentit, pour exprimer la tempête qui se leva en elle, un véritable tsunami d'incrédulité, de colère, de tristesse et de refus. Cette décision prise par le tournesol fut vécue par elle comme porteuse d'une violence inouïe. Elle fut reçue comme absolument incompréhensible, totalement folle et surtout injuste par la rose trémière.

Aussitôt tourbillonnèrent dans sa tête des phrases qui se répétaient en boucle : « Ce n'est pas possible, il n'a pas le droit de me dire ça, je l'aime trop, il ne sait pas ce qu'il dit, il a perdu la tête, mon amour va le ramener sur terre, l'affection que j'ai sentie chez lui va lui faire retrouver la raison, il va comprendre que c'est une erreur, il ne peut pas me quitter, non, il ne peut pas, c'est impossible ! » Beaucoup d'autres pensées se bousculèrent nuit et jour dans son esprit, dans son corps, dans chacune des fibres de son être.

Mais le vieux soleil maintenait sa position, s'accrochait à sa décision, il ne l'invitait plus, n'écrivait plus, ne téléphonait plus, ne répondait ni à ses lettres ni à ses appels.

Alors la rose trémière, malheureuse comme elle ne l'avait jamais été jusque-là, traversa différentes phases, toutes plus pénibles à vivre les unes que les autres.

Dans les premiers mois elle supplia le tournesol par lettres, au téléphone, par e-mail, elle cria son amour, lui affirma qu'elle ne pourrait pas continuer à vivre sans lui, qu'elle étouffait, ne mangeait plus, ne dormait plus, qu'elle dépérissait et qu'elle allait en mourir.

À cette phase succéda une autre, totalement différente, où elle exprima beaucoup, beaucoup de colère, émit beaucoup, beaucoup de critiques et d'accusations à son égard, les plus violentes comme les plus excessives. Elle lui adressa les reproches les plus contradictoires aussi, lui écrivant dans une même phrase qu'elle n'aurait jamais dû le rencontrer et qu'elle ne pouvait continuer à exister sans lui ! Elle le rendait responsable de son malheur et lui assurait qu'elle ne l'oublierait jamais ! Puis, durant plusieurs mois, tout en lui répétant qu'elle l'aimait, elle le traita de menteur, de pervers, de sadique et de plein de noms d'oiseaux (qu'on utilise au pays des fleurs, quand on veut blesser l'autre en ne voulant pas être grossier !). Elle déversa beaucoup, beaucoup de jugements négatifs. Mais ce qui faisait le plus souffrir la fleur de tournesol, c'est quand elle lui criait sur la messagerie de son téléphone : « Je sais que tu ne m'as jamais réellement aimée. Pendant tout le temps de nos rencontres, tu as fait seulement semblant, tu m'as trompée depuis le début ! », formulation terrible envers elle-même, car tout au fond elle s'était sentie aimée, accueillie, valorisée, découverte comme une femme fleur très vivante, dans les premiers temps de leur relation. Et cette négation qu'elle lui jetait à la figure, qui tentait d'annuler, de nier tout ce bon, la rejetait dans un néant sans fond.

Puis, dans une autre phase, comme pour punir le tournesol ou s'autopunir, elle se lança dans des aventures amoureuses avec plusieurs autres fleurs (fleur d'églantier, fleur de cactus, de camélia, de vigne vierge, de jasmin et bien d'autres encore). Certaines de ces rencontres furent agréables, l'apaisèrent quelque temps, d'autres furent, elle le reconnut elle-même, moins agréables et certaines même carrément désagréables, ce qui attisait sa plainte et sa colère : « C'est de sa faute, s'il ne m'avait pas quittée, jamais je n'aurais partagé mon intimité avec d'autres hommes fleurs, je n'aurais jamais fait ça ! »

Vous l'avez compris, malgré le temps qui passait, la rose trémière gardait en elle plein de rancœurs amères, beaucoup de ressentiments toxiques, une autoviolence malsaine qui polluait sa vie, qui empoisonnait son existence. Elle était habitée par une agressivité sournoise, qu'elle retournait, sans en être totalement consciente, contre elle-même, une violence qui taraudait son cœur, son corps, son esprit. Une violence qui pouvait provoquer beaucoup de dégâts en elle.

Peut-être savez-vous que les fleurs, toutes les fleurs, ont des organes très sensibles, hypersensibles et que la vitalité de chacun d'eux (cœur, poumons, intestins, foie, ovaires) dépend de la qualité des vibrations émises par les pensées qui les habitent à tout instant du jour et de la nuit.

Ainsi, je viens d'apprendre que le cœur de cette rose trémière, un de ses organes les plus vitaux, vient de lui envoyer un signal fort, un signal qui veut dire : « Il est temps d'arrêter de te maltraiter, de te faire autant de mal, de souffrir, de ruminer, d'entretenir en toi tant de tensions, de pensées et de ressentis négatifs autour de ce tournesol qui t'a quittée. Le temps est venu d'accepter que les sentiments qu'il avait pour toi ne correspondent plus aux tiens, que ses sentiments à lui ont changé. Ce soleil fatigué ne reprendra pas et n'entretiendra plus de relation proche avec toi. Il est plus important aujourd'hui de garder au profond de toi le souvenir des moments heureux vécus ensemble, le bon des partages que vous avez connus. Et de remercier la vie que cette relation ait pu exister durant deux saisons. S'il y a eu du bon dans cette relation, ce bon est précieux et mérite d'être protégé ! »

La rose trémière va-t-elle capter ce message que lui adresse sa vie ?

Si son cœur ne se sent pas entendu, je crains qu'il ne redouble d'une violence désespérée et ne l'agresse encore plus en déclenchant une maladie plus grave dans tout son corps de fleur.

Je ne sais si la rose trémière pour qui j'écris ce conte entendra ce risque qu'elle encourt. Je ne sais si elle pourra inscrire en elle la trace bienfaisante d'une relation qui, même courte et imparfaite, fut importante dans sa vie de rose. Ni si elle saura garder en elle le meilleur d'un souvenir et d'un ancrage qui méritent de ne pas être abîmés. Car cette relation, même si elle ne correspondait pas totalement à ses attentes, fut bonne, lumineuse, bienfaisante durant deux saisons et lui permit de donner à sa vie des couleurs plus vives et quelques rêves merveilleux.

Le conte de la petite lapine qui aimait tellement son frère que…

Il était une fois une petite lapine nommée Lisa qui avait un frère surnommé Clin d'œil, car il clignait souvent d'un œil comme pour dire : « Oui, oui, je suis d'accord avec vous », ce qui était très trompeur, parce qu'en réalité il ne l'était pas toujours !

Mais attention, il y a frère et frère. Clin d'œil était plus qu'un frère pour Lisa. Il était devenu un compagnon de jeux, un confident à qui elle pouvait tout dire, un soutien quand elle était malheureuse. Il était surtout un amour de frère. Oui, oui, un amour absolu. Il était, vous l'avez compris, la personne la plus importante au monde pour Lisa, la petite lapine. Elle l'aimait et se sentait aimée par lui, ce qui lui donnait une confiance extraordinaire, non seulement en elle mais dans la vie ! Et cet accord dura longtemps, jusqu'au début de sa vie d'adulte…

Ce frère, Clin d'œil, fut atteint du sida et en mourut, faute d'avoir suivi un traitement qui lui aurait permis de vivre de longues années.

Lisa fut inconsolable. Elle vécut la mort de son frère comme une injustice, comme si le monde entier lui avait fait une violence terrible ! Mais peut-être, vous qui me lisez, savez-vous comme moi que le plus important n'est pas ce qui nous arrive mais ce que cet événement touche en nous.

Des années plus tard, la blessure ouverte par la mort de son frère était toujours aussi vive, souvenirs et regrets mêlés, amertumes cachées et ressentiments niés toujours présents. Tout était encore là en elle, tenace, sensible, et il ne se passait pas de jour sans que Lisa ne pense à ce frère disparu.

Qu'est-ce qui avait été touché chez elle, qu'est-ce qui avait été réveillé, re-stimulé en elle par la maladie et la mort de ce frère ? Aujourd'hui, avec du recul, il est possible de le dire : Lisa se sentait coupable d'être vivante, d'être vivante alors que son frère était mort. Souvent, dans son lit le soir, elle ressassait la même interrogation : « Pourquoi est-ce lui qui est mort et pas moi ? Pourquoi ? » Mais la question « pourquoi », quand elle concerne ce qui est arrivé à quelqu'un d'autre que nous, ne nous aide guère à avancer, elle ne change rien à une situation qui a eu lieu ! Et se demander des millions de fois : « Pourquoi est-il mort et pas moi ? » entretient des doutes, des souffrances et nous maintient dans une tristesse sans fin ni fond.

Lisa devra apprendre en grandissant qu'au pays des lapins, chacun est responsable de ses actes et de leurs conséquences. C'est bien son frère qui avait contracté le sida en ayant eu une relation sexuelle sans se protéger, en accordant sa confiance à un partenaire qui ne la méritait pas, en pensant qu'en faisant l'amour une seule fois sans protection, il ne courait aucun risque. C'est bien lui et personne d'autre qui avait commis cette erreur !

Lisa apprendra à ne pas endosser une responsabilité qui ne lui appartient pas. Et, ce faisant, elle respectera sa propre vie. Elle découvrira que s'autoresponsabiliser, c'est ne pas prendre sur soi l'irresponsabilité de l'autre, aussi proche et important, aussi cher soit-il !

Le conte de la petite grenouille qui était très habile pour maltraiter sa vie

Cette petite grenouille s'appelait Capucine. Et on peut dire, sans crainte de se tromper, que Capucine depuis des années était en grande difficulté, car elle maltraitait sa vie. On pourrait même affirmer qu'elle s'autodétruisait avec un courage exceptionnel.

Quand on ne peut pas dire avec des mots la souffrance qui nous habite, on va la crier avec des maux ou des maladies. Ou encore on va tenter de l'exprimer, sans le savoir aussi clairement que je l'énonce, avec des comportements atypiques. C'est-à-dire avec des comportements que l'on n'attend pas d'une petite grenouille normale, des comportements qui gênent ou qui font peur à l'entourage proche, parents, amis, professeurs. Par exemple, sauter dans l'eau sans savoir nager, manger n'importe quoi au risque de s'empoisonner.

Mais surtout Capucine, sans jamais en parler à ses parents, avait pris l'habitude de se droguer, de prendre des poudres toxiques. La première fois qu'elle eut l'occasion d'en consommer, elle pensait qu'il n'y aurait pas de conséquences. Elle s'était laissée entraîner par ce qu'on appelle, au pays des grenouilles, des « faux amis ». Des copains ou des copines qui vous disent dans les soirées où l'on danse entre amis : « Allez, tu verras, c'est bon, tu vas t'éclater, rien qu'une fois, après tu arrêtes si tu veux ! »

Le difficile avec les drogues, surtout au pays des grenouilles, c'est que justement on ne fait pas ce qu'on veut quand on a commencé à en prendre. Ce sont les drogues qui finissent par vous dominer, qui s'imposent à votre volonté, que vous soyez un enfant, un adolescent ou un adulte grenouille. Tout se passe comme si votre cerveau n'avait plus beaucoup de pouvoir. Le processus commence par de l'accoutumance, qui se transforme très vite en une véritable dépendance. Une jeune grenouille qui prend de la drogue devient rapidement dépendante d'un produit qui a pour effet de la soumettre, de développer en elle des troubles et des difficultés durables. S'en libérer est possible, mais il faut entreprendre ce qu'on appelle une « cure de désintoxication », être accompagné, guidé par des spécialistes durant plusieurs mois, parfois plusieurs années.

Capucine voulait donner raison à ses parents qui lui avaient dit un jour :

– Toi, tu es un accident, on ne t'a pas désirée, si on avait pu tu ne serais pas née !

C'est terrible et violent pour des enfants grenouilles d'entendre des choses pareilles venant de personnes qui sont, à ce moment-là, les plus importantes dans leur vie. Et quand cela arrive, puisque tel est parfois le cas, ces enfants adoptent certains comportements, plus ou moins autodestructeurs, comme de maltraiter leur corps en devenant boulimiques ou au contraire en devenant anorexiques, de maltraiter leur vie par des comportements à risque ou encore en se droguant et parfois même en se mettant en péril par des tentatives de suicide.

C'est comme si Capucine s'était dit à elle-même : « Puisque vous ne m'avez pas désirée, alors ma vie n'a pas de valeur, je peux la détruire ! »

Je ne sais si Capucine, la petite grenouille, pourra un jour parler de son histoire et de son vécu à quelqu'un qui l'écoutera, qui lui permettra d'entendre que la VIE qui est en elle, même non désirée par ses géniteurs, est précieuse, qu'elle mérite d'être aimée et respectée.

Les deux jumeaux qui ne s'étaient jamais rencontrés

La conception d'un être humain est une aventure incroyable qui mérite que chacun d'entre nous, enfant ou parent, en connaisse tous les détails, du moins les plus cruciaux. Pour tenter de réconcilier certains enfants avec la VIE qui est en eux, voici l'histoire de la conception des bébés.

Tous les enfants d'aujourd'hui savent que pour faire un bébé, une femme et un homme doivent faire l'amour. Mais cet acte ne suffit pas, oh non. Il faut quelques conditions qui sont parfois présentes, alors un bébé sera conçu, mais qui d'autres fois ne sont pas réunies et alors la conception n'aura pas lieu ou ne se passera pas très bien.

Il peut arriver aussi qu'une femme et un homme veuillent faire l'amour, sans vouloir consciemment d'enfant, et qu'un enfant soit quand même conçu et vienne au monde. Comment cela est-il possible ?

Il nous faut entrer dans quelques détails pour mieux comprendre comment commence la grande aventure humaine.

Un jour ou un soir, un homme et une femme font l'amour. Mais ce jour-là ou ce soir-là, ils font l'amour pour le plaisir, sans vouloir faire un enfant, et pourtant, par précipitation ou par distraction, ils ne prennent pas de précautions. Certains humains sont capables d'être ainsi puérils ou inconséquents, ils font des choses sans se préoccuper des suites possibles de leur comportement !

Faire l'amour signifie au plan biologique que des millions de spermatozoïdes, en attente chez l'homme, vont partir à la recherche d'un ovule, chez la femme. Un ovule qui, s'il est présent, voudra bien accueillir un spermatozoïde pour qu'il puisse se développer. Il se déposera ensuite dans un espace bien protégé, une sorte de nid, qui est l'utérus de la femme, pour créer un embryon, puis un fœtus. Et neuf mois plus tard naîtra un bébé, garçon ou fille.

Il peut arriver aussi que deux ovules soient présents pour rencontrer chacun un spermatozoïde, ce qui fera que l'un et l'autre seront fécondés. Il y aura alors des jumeaux. Il peut y avoir aussi des triplés, des quadruplés ou même des quintuplés, si ce soir-là, quand la femme et l'homme font l'amour, il y a trois, quatre ou cinq ovules au rendez-vous et que chacun est prêt à accueillir un spermatozoïde.

Mais parfois la situation se complique car la VIE est une aventure passionnante et complexe. Dans le cas où deux ovules sont fécondés, il peut arriver que l'un d'eux soit viable et reste dans l'utérus pour devenir un bébé comme vous et moi… et que l'autre ovule, pourtant fécondé en même temps, ne soit pas viable et soit rejeté, évacué, avec pour conséquence que ces deux jumeaux ne se rencontreront pas. Et pourtant ils auront vécu ensemble quelques semaines dans le même ventre. Chacun aura senti la présence de l'autre et peut-être que celui qui reste vivant gardera longtemps en lui, dans son corps, le souvenir sous forme d'empreinte de la présence de ce jumeau fantôme et aussi de sa disparition.

Oui, chez les humains, le corps garde la mémoire sensorielle de tout ce qu'il a vécu depuis le début de la conception !

Cette capacité étonnante du corps explique que certains enfants disent parfois, avec une assurance déconcertante : « Je vais à l'école avec mon frère, ou je vais fêter l'anniversaire de ma sœur », à l'étonnement de leurs parents qui rectifient : « Mais tu n'as pas de sœur, ni de frère, tu es fils unique ! »

Ainsi nous pouvons mieux comprendre que plus tard, devenus adultes, ces ex-enfants achètent par exemple leurs vêtements, leurs chaussures ou bien d'autres objets toujours en double, comme s'ils destinaient, sans le savoir (tout en le sachant), une moitié de ces vêtements, de ces objets ou de ces paires de souliers à leur jumeau fantôme !

C'est ainsi que certaine petite fille ou petit garçon passera le reste de sa vie à rechercher une âme sœur, quelqu'un de fiable à qui s'attacher, quelqu'un qui ne partira pas comme celle ou celui qui avait partagé un temps avec elle ou lui le même ventre. Ensemble dans le même ventre, parfois dans la même poche utérine, mais seulement quelques semaines…

Ces ex-enfants recherchent avec beaucoup de passion et de courage, désespérément, pathétiquement le frère idéal ou la sœur idéale, le conjoint parfait, le partenaire fidèle qui ne partira pas, comme leur jumeau fantôme. Malheureusement ils risquent, pour certains d'entre eux – par maladresse tellement leur désir est puissant –, d'être justement abandonnés, trahis, renvoyés à la solitude originelle qui aura suivi la perte de leur jumeau tout au début de leur vie intra-utérine. Une perte inscrite dans chacune de leurs cellules et toujours en attente d'être réparée.

Voilà ce qui est réveillé parfois, des années plus tard, à la mort d'un être cher (ou d'un être de chair) : la réactivation d'une vieille blessure archaïque, celle des premiers temps de la vie, une blessure innommable, irreprésentable, incompréhensible… qui fait qu'on reste attaché, prisonnier de quelqu'un qui n'est plus là depuis très très longtemps.

Ce petit conte est destiné à tous ceux qui auraient vécu, sans le savoir, cette aventure de n'avoir jamais pu rencontrer leur jumeau qu'ils avaient pourtant côtoyé le temps de quelques semaines à peine tout au début de leur conception.

Une relation qui aurait pu être merveilleuse

Les humains, comme chacun le sait, sont conçus (pour la plupart d'entre eux) à partir de la rencontre intime ou amoureuse d'une femme et d'un homme. Dans cette rencontre intime de deux personnes qui font l'amour, il arrive – mais ce n'est pas toujours le cas – que l'homme, qui peut produire à ce moment-là quelque sept millions de minuscules spermatozoïdes, en dépose un dans un ovule de sa partenaire. Un seul suffit pour donner vie à la VIE. Mais il faut savoir que pour qu'un seul spermatozoïde puisse pénétrer dans un ovule, il faut le concours, le soutien, la présence proche de tous les autres !

En effet ces millions de spermatozoïdes vont produire tous ensemble l'équivalent d'une sève, comme un liquide très doux, qui va entourer tout l'ovule, l'apprivoiser en quelque sorte et permettre ainsi à un seul d'entre eux d'entrer et de créer la première cellule. Nous, les humains, commençons à exister à partir de cette première cellule. Première cellule qui se divisera en deux, lesquelles vont se diviser à leur tour pour en produire quatre autres qui vont encore se diviser, et ainsi de suite jusqu'à devenir un tout petit embryon, puis un fœtus, puis un bébé qui, dans la plupart des cas, neuf mois après, sortira du ventre de sa génitrice, arrivera ainsi au grand jour et sera accueilli par ses parents, si ceux-ci ne se sont pas quittés, s'ils sont toujours ensemble et d'accord pour l'élever. L'élever, c'est-à-dire être là, présents au quotidien, pour le nourrir, l'accompagner, l'éduquer, veiller à sa santé et lui apprendre à communiquer avec les autres, à tenir sa place dans le monde.

Chaque humain comme vous et moi a séjourné pendant plusieurs mois dans le ventre d'une femme qui a été sa génitrice. Ensuite il est sorti de ce ventre et entré dans la petite enfance puis l'enfance. Une enfance au cours de laquelle un enfant est en général entouré de soins, d'attentions et le plus souvent d'amour. Cette période où il va non seulement grandir mais aussi faire beaucoup, beaucoup de découvertes paraît souvent interminable à un enfant. Il va faire de nombreuses rencontres aussi, se construire, et commencer à accéder à une autonomie matérielle, relationnelle et affective suffisante pour qu'il puisse s'engager, plus tard, avec le plus de liberté possible, dans des relations amicales, amoureuses, professionnelles, familiales et sociales satisfaisantes, à la fois pour lui et pour les autres.

Les humains, il faut le savoir aussi, sont des êtres très compliqués, complexes, souvent désaccordés à l'intérieur, je veux dire par là qu'ils peuvent être tiraillés, écartelés entre différents désirs, confondre même leurs besoins et leurs désirs. Bref, ils sont souvent en conflit, surtout avec eux-mêmes. Ce qui n'est pas très grave en soi, mais qui va susciter dans leur existence d'adultes des tensions et quelques problèmes ou difficultés.

Ainsi par exemple leur habileté inouïe à maltraiter ou à faire échouer des relations qui sont bonnes ou importantes pour eux, leur créativité incroyable à rendre insupportable une rencontre qui pourrait être magnifique ou extraordinaire. Ce comportement peut sembler paradoxal, car on pourrait penser que lorsqu'un homme et une femme se rencontrent et qu'ils se plaisent, se comprennent, que la relation semble bonne pour l'un et pour l'autre, avec chez chacun l'envie de la poursuivre, de l'inscrire dans la durée, on pourrait donc penser qu'ils auront envie de protéger cette relation. On pourrait imaginer que chacun désirera proposer à l'autre le meilleur de lui-même, qu'ils auront l'un et l'autre le souhait de partager ensemble du bon, du doux, du joyeux ou du festif. Eh bien, cela ne se passe pas toujours selon ce scénario.

Je pourrais vous raconter mille histoires sur les humains, que je connais bien (j'en suis un !). Combien de rencontres qui commencent au mieux, de relations qui pourraient être merveilleuses, d'échanges qui combleraient les plus exigeants vont pourtant mal se terminer, avorter très vite, se déliter à la vitesse de la lumière.

Ainsi cette femme, dans la pleine maturité de sa vie, au cœur d'une existence passionnante, rencontra un homme qui avait déjà beaucoup vécu, qui se sentait ouvert, enthousiaste d'offrir, de partager et d'agrandir tout ce qu'il avait engrangé dans son existence. Il y avait entre eux beaucoup de désirs qui s'accordaient, beaucoup de plaisirs qui surgissaient, beaucoup de rêves proches qui s'accomplissaient, mais…

Même si leur première rencontre fut une fête, même si la seconde fut remplie de vibrations et d'émerveillements chez l'un et l'autre, la troisième s'avéra moins harmonieuse et même un peu douloureuse. Quant à la quatrième, elle n'eut pas lieu. J'ai oublié de vous dire que la femme s'appelait Jamée Acé et l'homme Jean Fédéjabokou.

Oui, il y a parfois, entre les humains, des relations impossibles, qui sont vouées à l'échec avant même d'avoir commencé.

Le conte de l'homme qui essayait de planter de la beauté dans le cœur des enfants

Il était une fois un très vieil instituteur, comme il en existait autrefois dans les écoles de campagne et même dans les quartiers populaires de certaines grandes villes. Un instituteur qui s'occupait tout seul d'une classe de vingt-neuf élèves, garçons et filles, âgés de sept à quatorze ans, auxquels il apprenait à lire, à écrire, à compter, à s'exprimer. Il leur enseignait aussi bien d'autres matières, comme l'histoire, la géographie, les sciences naturelles ou sciences de la vie qui l'amenaient à parler de la façon dont une chenille se transforme en papillon ou à expliquer comment se développe un petit têtard pour devenir une grenouille.

Un instituteur avec une moustache grise, des yeux très clairs et un don particulier pour capter l'attention des enfants, sans jamais élever la voix, sans punir ou menacer, sans jamais, au grand jamais lever la main sur eux. Mais ce qu'il savait le mieux faire, cet instituteur, c'était de permettre à chacun de découvrir la moindre parcelle de beauté qu'il y avait dans le monde. Il leur apprenait à voir, pas seulement à regarder, à écouter et surtout à entendre. Et tout d'abord voir ou entendre non seulement la beauté de leur monde proche, celui qui les environnait, mais aussi les beautés des mondes plus lointains, celles des autres pays bien au-delà des montagnes, des rivières, des lacs, des mers et des océans. Il voulait leur apprendre non seulement à repérer la beauté tout autour d'eux, mais aussi à la protéger et bien sûr à l'agrandir. Il les invitait à dénicher le beau sous toutes ses formes, dans toutes ses manifestations : les sautillements d'un moineau, les pépiements d'un rouge-gorge, le velouté d'un coquelicot se balançant au vent, le lent défilement d'un nuage bleuté dans le ciel, les moutonnements des arbres dans la vallée qui descendait jusqu'au fleuve, le rire cristallin d'un bébé, la façon dont les petites filles sautaient et dansaient pour se rendre d'un endroit à l'autre au lieu de marcher, l'inventivité des garçons pour construire des cabanes ou fabriquer des radeaux avec lesquels ils avaient plaisir à jouer sur la rivière proche.

Mais sa véritable vocation, il la sentait de plus en plus vivante en lui, c'était d'apprendre aux enfants la beauté qu'il y a dans chaque être humain. Une beauté qui existe même quand elle n'apparaît pas de prime abord, même quand on se laisse prendre par le premier ressenti négatif que nous inspire une personne, quand on est rebuté par une réaction de rejet de la part de celui qu'on approche ou quand, dans un premier mouvement, on n'a pas du tout envie de parler ou d'échanger avec quelqu'un. Cet instituteur prenait le temps de faire découvrir aux enfants les trésors cachés dans chaque être vivant. Il les préparait à être capables d'accueillir à chaque instant la beauté d'un regard, d'un geste, d'une parole, d'une phrase ou d'une expression, à entendre l'essentiel d'un sentiment, d'un ressenti ou d'un événement.

Car il était animé d'une foi inébranlable dans la capacité de chacun à s'ouvrir, à devenir le réceptacle de toutes les beautés qui peuvent jaillir en permanence de la vie.

Son raisonnement était simple. Il se disait que ses élèves allaient devenir un jour des adultes et que, quoi qu'ils deviennent par la suite, ouvriers ou employés, artistes ou ingénieurs, paysans ou fonctionnaires, certains d'entre eux pourraient un jour occuper des postes à responsabilité, qu'ils auraient de hautes fonctions, qu'ils pourraient même devenir ministres, bref, qu'ils pourraient être non seulement responsables de leur vie mais amenés à prendre des décisions importantes concernant leur pays ou la vie de leurs semblables. Il se disait qu'ils devraient, dans de telles fonctions, être encore plus vigilants, plus exigeants, plus créatifs pour s'entourer de beauté, pour ne pas la laisser maltraiter autour d'eux, pour user de toutes leurs ressources et de leurs pouvoirs afin de la cultiver, de la laisser germer et grandir.

Cet homme pensait qu'une rencontre avec la beauté sous toutes ses apparences, sous l'un ou l'autre de ses visages, était un antidote puissant contre la violence. Il était persuadé qu'honorer chaque manifestation de la beauté dans ce monde était un germe pour plus de tolérance, d'amour et de compassion.

Vous allez me demander comment il s'y prenait pour semer de la beauté chez un enfant. De la façon la plus directe qui soit, en invitant chaque enfant à écouter les vibrations subtiles qui circulent en lui et autour de lui quand il est en présence de la VIE. À prendre le temps de s'arrêter quelques secondes pour offrir un peu d'espace et de durée à la présence de l'instant. Il leur apprenait ainsi à voir et à entendre le fugace, le fragile, l'inouï qui s'exprime dans toutes les manifestations du vivant. S'arrêter pour voir un caillou. Se pencher pour prendre un peu de sable au creux de sa main. Se coucher pour suivre du doigt le sillon laissé par du calcaire blanc sur un morceau de granit sombre. Tenter de découvrir les signes de la vie végétale, l'élan ou les rires dans la croissance d'une plante, dans la rugosité d'une écorce, dans l'éveil d'une graine qui source entre les fissures d'un mur. Apprendre que la VIE reste humaine si on sait respecter la beauté qui affleure dans chaque enfant, dans chaque femme, dans chaque homme.

Il sensibilisait ses élèves à voir au-delà des apparences, pour accueillir la part d'unicité qui caractérise chacun. À entendre les vibrations subtiles de l'existence, le bon qui irrigue chaque être, le merveilleux qui surgit dans les moments les plus inattendus.

Il travaillait ainsi avec une patience infinie pour permettre à chacun de devenir à son tour une source vivante de beauté.

Et je crois qu'il a réussi, car je rencontre parfois des enfants, des femmes et des hommes dont le regard me dit qu'ils savent voir, accueillir et agrandir les manifestations du beau quand ils les rencontrent. Des humains qui savent respecter la VIE qui les entoure et embellir l'espace par leur seule présence.

Le conte de l'homme qui se croyait éternel

Il était une fois un homme qui pensait très sincèrement que la mort ne pourrait jamais l'atteindre et qu'ainsi sa vie n'aurait pas de fin. Ce faisant, il niait un principe vital essentiel : tous les êtres vivants sur cette planète qu'est la Terre ont un cycle de VIE comprenant une conception, une naissance, une existence faite de rencontres et de séparations et se terminant par la mort. Cette fin peut surgir à tout âge, sans prévenir, sans raisons visibles ou apparentes, sous forme d'accident ou de maladie, ou pour certains résulter d'un acte responsable qui consiste à prendre la décision de mettre un terme à ses jours. Cela arrive parfois chez certaines personnes qui ne sont pas satisfaites de leur existence et préfèrent alors en abréger le cours, échanger leur vie contre la mort.

L'homme dont je vous parle avait une autre particularité. Malgré sa fortune assez confortable, il dépensait très peu d'argent pour lui-même et encore moins pour son entourage. Ses enfants par exemple savaient qu'ils ne pouvaient pas compter sur lui pour recevoir de sa part une aide financière quelconque. Il se sentait déchargé de toute responsabilité à leur égard et ne se posait aucune question sur les difficultés matérielles qu'ils auraient pu rencontrer. Il ne lui venait jamais à l'esprit qu'il aurait pu les soutenir dans un projet ou un autre, ou encore les aider à traverser une période difficile ou à mieux se soigner quand ils étaient malades ou avaient eu un accident.

Ne croyez pas qu'il était avare, ce serait méconnaître sa sensibilité et son savoir-faire social, mais il avait besoin de cette sécurité matérielle consistant à penser que demain il aurait autant d'argent qu'aujourd'hui et même un peu plus. Car il faisait, comme on dit, « travailler » son argent. Son capital lui rapportait des intérêts et comme il dépensait moins que ne lui rapportaient ses placements, sa fortune augmentait chaque année. C'est aussi pour cette raison qu'il imaginait pouvoir être immortel, pensant que tant qu'il vivrait son capital grandirait !

Cette idée lui paraissait tout à fait logique. Il avait toujours connu le confort et l'assurance que procure l'argent. Sa famille était déjà riche à sa naissance et il n'avait fait qu'augmenter cette richesse.

Mais tout au fond de lui, une angoisse secrète le tenaillait, dont l'origine remontait loin dans son enfance. Cette angoisse était liée à une conviction qu'il avait acquise et qu'on pourrait résumer ainsi : « Ni le présent ni a fortiori l'avenir n'est sûr, rien n'est fiable, tout peut nous arriver sans prévenir, on ne peut rien faire contre l'imprévisible de la VIE. » Il s'était forgé cette croyance suite à ce qui était survenu au cours de sa neuvième année.

À cette époque il avait un chien qu'il aimait beaucoup. C'était la relation la plus précieuse pour lui. Et puis ce chien, âgé de seize ans, était mort. La vie d'un chien de seize ans équivaut à plus de cent ans pour un homme. Cette perte avait été pour l'enfant qu'il était alors d'une violence inouïe, ouvrant dans son corps comme dans son cœur une blessure inguérissable. Divers sentiments s'étaient inscrits en lui de façon durable : injustice, trahison, impuissance face à l'absurdité de la mort. Ses parents n'avaient pas perçu à quel point leur enfant avait été touché par la perte de ce chien qu'il considérait comme son seul ami. À lui il pouvait tout dire, quand il rentrait de l'école, il s'asseyait tout contre lui et lui parlait, lui racontait tout ce qu'il avait fait en classe, il pouvait tout lui confier, le chien l'écoutait sans bouger une seule oreille.

Je crois que beaucoup d'adultes ignorent la violence que cause à un enfant la perte d'un être cher ou qu'ils ne prêtent pas assez d'attention à ce que peut ressentir un enfant qui voit disparaître son animal préféré.

C'est pour se prémunir contre le retour de cette angoisse qui s'était inscrite en lui à neuf ans que cet homme tentait de contrôler, à travers l'argent, son avenir. Il n'était pas prêt à affronter l'idée de se trouver démuni s'il dépensait trop, s'il venait en aide à ses propres enfants.

Ce qu'il ne percevait pas, c'est qu'autour de lui le cercle de ses amis et connaissances se morcelait, se rétrécissait. Et cet homme finit par être entouré de vide. Un vide relationnel et social qui faisait de lui un être profondément seul.

Je ne sais comment se terminera sa vie, mais je peux craindre qu'il n'y aura personne auprès de lui au moment du passage vers l'au-delà. Qu'il affrontera seul le dernier parcours et que tout son argent ne lui procurera aucune chaleur, aucune tendresse, aucun regard ni aucun geste de compassion. Il sera alors seul, face à l'immensité d'un espace infini, seulement habité par une solitude noire.

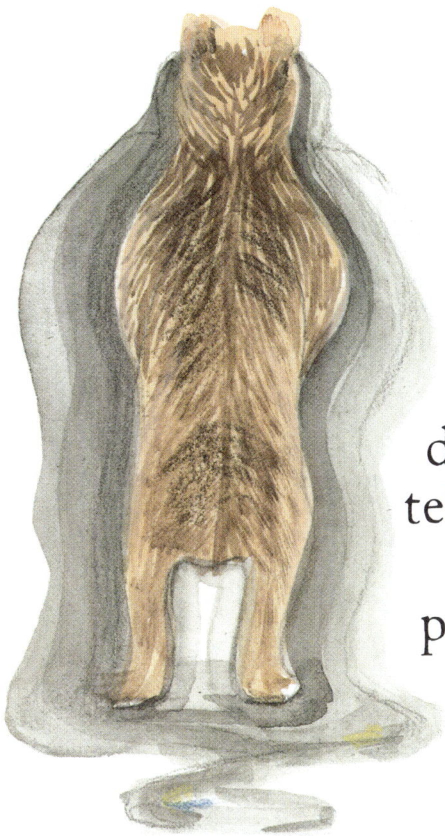

Le conte de l'ours qui avait tellement grossi… qu'il ne pouvait plus tenir son zizi pour faire pipi

Oui, je sais, vous allez croire que j'exagère, mais c'est la pure et simple vérité ! Et vous savez certainement que lorsqu'un ours ne peut plus tenir son zizi pour faire pipi, eh bien, il se fait pipi sur les pattes !

Il était une fois, une fois de plus, un papa ours de belle taille, mais qui depuis quelques années avait pris du poids, beaucoup, beaucoup de poids. Au début quelques kilos seulement, qui ne se voyaient presque pas, car à cette époque-là c'était un ours élégant, qui prenait soin de son corps et de son apparence.

Bien sûr, comme beaucoup de mâles au pays des ours, il avait traversé quelques déceptions amoureuses. Pour être plus précis, il avait quitté une ourse qu'il avait beaucoup aimée, mais avec laquelle il avait vécu une relation houleuse, trop chargée de problèmes. Plus tard, dans une autre relation, c'est lui qui avait été quitté, par une ourse qui prenait un malin plaisir à le critiquer, à le dévaloriser, à lui répéter sans arrêt qu'il était un incapable, un bon à rien. Cette séparation lui avait fait beaucoup de mal. Il avait mis quelques années à s'en remettre et à se reconstruire.

Puis il avait enfin rencontré une ourse très chaleureuse, avec laquelle il s'entendait bien. Une ourse très joyeuse, qui savait le faire rire. Ce qui est très important dans un couple d'ours, comme chacun le sait. Avec elle, il se sentait heureux, bien dans sa peau d'ours. Mais vous savez comme moi que les ours ne parlent pas beaucoup, qu'ils gardent tout en eux.

Vous allez me demander si le fait de tout garder en soi fait grossir. Certainement. Car en gardant tout en soi, on accumule des pensées nocives dans sa tête, des toxines dans son corps, des poisons de toutes sortes dans chaque organe essentiel à la vie. Mais il y a d'autres causes au surpoids chez un ours. Accumuler dans son corps trop de kilos inutiles, pesants, si lourds pour le cœur, est une façon de s'autodétruire. C'est une façon indirecte de dire que l'on n'aime pas l'existence qu'on mène, même si on a choisi de vivre ainsi.

Comme je vous l'ai déjà dit, cet ours avait tellement grossi que ses bras étaient trop courts pour pouvoir tenir son zizi et faire correctement pipi, sans mouiller ses pattes.

Voilà quand même une situation qui aurait dû faire réfléchir le plus aveugle des ours ! Un tel constat aurait dû amener notre ours à s'interroger : « Comment se fait-il que j'aie pris tant de poids en quelques années ? Autrefois, quand j'étais en difficulté dans mon couple, j'aurais encore pu comprendre ! Quand je doutais de moi, quand j'avais peur de ne pas "faire le poids" ou de ne pas être à la hauteur dans mon travail, peut-être que j'avais besoin de donner l'impression de m'imposer ! Mais aujourd'hui que tout va bien, que je me sens aimé, entouré, confiant dans mes compétences, que se passe-t-il réellement ? Quelle image je donne de moi à mes enfants ? À l'ourse qui partage ma vie, à celle qui est ma compagne ? À mes amis ? »

Autant de questions redoutables !

Si j'étais cet ours-là, je crois que j'essaierais de me réconcilier avec mon corps, de ne pas trop m'éloigner de lui. Je tenterais de me donner les moyens de perdre quelques kilos superflus, pas trop au début, mais régulièrement ; j'essaierais de retrouver une mobilité plus grande pour me déplacer avec moins de pesanteur, de fatigue, et surtout, surtout, pour pouvoir faire pipi debout comme un ours qui a de belles années à vivre devant lui, comme un ours qui a besoin de respecter son corps.

Peut-être même que j'oserais demander de l'aide. Il paraît qu'il existe des spécialistes qui peuvent nous apprendre à nourrir notre corps autrement, à redonner à nos muscles leur vigueur, leur souplesse et leur agilité, à entendre nos besoins réels. Il paraît !

D'ailleurs, si vous avez des idées, vous pouvez m'écrire, je transmettrai vos suggestions à cet ours. Je peux imaginer qu'il vous en sera très reconnaissant. J'en suis même sûr, à vrai dire. Alors je compte sur vous !

Le conte de la petite berceuse qui se croyait perdue à jamais

Il était une fois une berceuse qui, pendant plusieurs années, se crut abandonnée. Tout se passait comme si sa mémoire l'avait quittée. Elle ne savait plus d'où elle venait ni auprès de qui se réfugier, elle ignorait quelles oreilles pourraient l'accueillir et la sauvegarder. Or une berceuse perdue est très malheureuse et s'inquiète pour son avenir, car sa raison d'être et son plaisir secret tiennent au fait d'être reconnue, d'être chantée, appréciée et aimée.

Je suppose que vous savez ce qu'est une berceuse. Non ? Comment est-ce possible ?

Une berceuse, c'est avant tout le plus souvent une voix, celle d'une mère, d'une grand-mère parfois, mais plus rarement celle d'un père ou d'un grand-père, quelquefois celle d'une nourrice qui, penchée sur un bébé, sur un enfant tout jeune, chante doucement ou mélancoliquement et d'autres fois avec plus d'allant, d'entrain et de joyeuseté. Une berceuse, c'est le murmure d'une âme à une âme, qui tente de rassurer un tout-petit pour lui permettre d'affronter le grand silence et l'obscurité de la nuit, ou encore d'envelopper de mots tendres et doux le désespoir ou la tristesse d'un petit garçon, d'une petite fille qui a mal, qui a été blessé(e) par la vie.

La berceuse dont je vous parle avait été souvent chuchotée, chantée à des enfants d'une même famille, et cela depuis des siècles car elle venait de très loin. Elle avait traversé plusieurs pays au gré des déplacements volontaires ou forcés de la famille qui l'avait adoptée.

Dans cette famille, c'étaient les femmes qui la transmettaient à leurs filles, qui elles-mêmes, devenues mères à leur tour, l'offraient à leurs propres filles. Cette berceuse était composée d'une mélodie simple et de quelques mots tendres qui avaient le pouvoir d'apaiser, de rassurer, de réconforter n'importe quel enfant.

Dodo, ma câline
Dodo, mon câlin
Endors-toi, ma câline
Endors-toi, mon câlin
Dodo, ma câline, dors jusqu'au matin
Au creux de mon bras
Au nid de mon sein[1]...

1. Texte et musique de Louis Salomé.

Mais comment cette berceuse fut-elle abandonnée, comment se perdit-elle ? allez-vous me demander.

Peut-être que vous ne vous souvenez plus des bouleversements qui touchèrent toute l'Europe au milieu du siècle dernier. Une guerre terrible qui dura plusieurs années entre un pays proche du nôtre et tous les autres pays qui l'entouraient. Cette guerre mondiale fit des millions de victimes. Elle eut pour origine les délires d'un homme, une sorte de tyran fou, qui dirigeait un grand pays et avait décidé d'éliminer tout un peuple d'hommes et de femmes. Pour des raisons qu'il serait trop long d'expliquer ici, il avait obtenu le soutien de la majorité de son propre peuple et durant plusieurs années ses soldats firent disparaître, éliminèrent par tous les moyens les enfants, les femmes et les hommes qu'il détestait. Il se trouve que la famille dont je vous ai parlé au début, dont les femmes depuis des siècles se transmettaient cette berceuse, en faisait partie. Elle fut donc totalement décimée. Tous les hommes, toutes les femmes, tous les enfants de cette famille furent tués, assassinés, disparurent dans des chambres à gaz.

Mais il se produisit quelque chose d'inouï, un tout petit événement, en fait l'équivalent d'un miracle, qui contribua à ce que la berceuse, qui se croyait perdue, soit recueillie, adoptée par un homme. Oui, par un homme simple et sensible, un soldat pour tout dire.

Voici ce qui se passa. Dans le train qui conduisait les deux derniers membres vivants de cette famille – une femme et son bébé – vers les camps de la mort, la maman qui tenait son petit dans ses bras tentait de le nourrir avec le peu de lait qui lui restait encore dans la poitrine, alors qu'elle n'avait pas mangé depuis trois jours. Et pour apaiser son enfant, cette maman chantait doucement la berceuse.

Sur la plate-forme extérieure du wagon, un soldat, posté là pour surveiller ceux qui allaient mourir et empêcher toute évasion, entendit durant plusieurs jours d'affilée cette berceuse. Et le quatrième jour, tout en fumant sa pipe, la tête enfoncée dans sa capote grise, il se mit à l'entonner. Il n'en comprenait pas les paroles, mais comme la mélodie était simple et qu'il n'avait rien d'autre à faire que d'écouter, il reprenait chaque mot et chantait pour lui-même. Il chantait aussi en pensant à son propre enfant qui était resté dans son pays et qu'il n'avait pas eu le temps de voir naître, car il était parti à la guerre quelques semaines avant sa naissance. Il avait d'ailleurs dans son sac de soldat qui ne le quittait jamais, même en dormant, une photo de son fils, qu'il regardait fréquemment. Au matin du cinquième jour, il tendit l'oreille contre la paroi du wagon, essayant d'entendre la berceuse. Mais il perçut seulement les gémissements d'un bébé. Un bébé affamé et affolé qui tentait de boire encore et encore au sein de sa mère, morte de froid durant la nuit. Un bébé désespéré, les yeux exorbités, entouré d'un silence terrifiant, sans aucune berceuse pour le rasséréner…

Alors le soldat commença lentement à chanter, il retrouva tout au fond de sa gorge des sons, des mots. De sa bouche sortirent la mélodie et les paroles de la berceuse. La berceuse, tout heureuse d'avoir trouvé quelqu'un pour être recueillie, se laissait porter, pas du tout dérangée par la voix un peu gutturale de cet homme. Le bébé, tout à l'intérieur du wagon, poussa un faible cri, hoqueta deux ou trois fois, puis devint d'un seul coup tout silencieux. Il remuait prudemment ses lèvres comme s'il buvait les paroles de la berceuse. Il sentait bien que ce n'était pas tout à fait les mêmes sons ni la même voix que d'habitude, mais les mots, la mélodie si douce et familière parvenaient jusqu'à lui, suffisaient à le rassurer, du moins le nourrissaient encore un peu, un tout petit peu.

Et tout le jour le soldat, ému, fredonna la berceuse. Tout le jour le soldat, immobile derrière les planches cerclées de métal du wagon, la tête emmitouflée dans sa capote grise, chanta les mots qui s'étaient inscrits en lui :

Dodo, ma câline
Dodo, mon câlin
Endors-toi, ma câline
Endors-toi, mon câlin
Dodo, ma câline, dors jusqu'au matin
Au creux de mon bras
Au nid de mon sein…

Au soir, épuisé, il s'endormit. Il ne fut pas réveillé par le bébé qui, déshydraté, était mort de froid et de faim dans l'immense froidure du wagon. Un beau sourire était déposé sur son visage, un sourire qui traduisait tout le bon qu'il avait reçu au dernier jour de sa vie.

Au matin, c'est comme si la berceuse ne voulait plus quitter le soldat. Elle avait envahi son cœur, sa tête, toutes ses pensées. Elle ne le lâchait plus. Elle s'était gravée en lui. Elle avait trouvé non pas une femme mais un brave homme déchiré par une guerre impitoyable pour être accueillie, gardée, préservée, sauvegardée de l'oubli.

Comme vous l'avez certainement lu dans les livres d'histoire, la guerre dura longtemps, longtemps. Le soldat combattit sur de nombreux fronts, il tua beaucoup d'inconnus, fut blessé à son tour. Il fut fait prisonnier et resta plusieurs mois enfermé dans un camp. Aussi le soir, pour ses camarades d'infortune, il chantait la berceuse. Il avait, vous le pensez bien, un drôle d'accent, mais il avait gardé précieusement, douloureusement en lui chaque mot, chaque intonation, chaque note…

Quand il revint dans son pays dévasté par les bombardements, sur lequel pesait l'occupation des troupes victorieuses, il retrouva sa femme et son fils. Un fils qui, ne l'ayant jamais vu, ne le reconnaissait pas, qui fut un peu effrayé au début devant cet homme maigre, un géant au visage dur, à la bouche amère, aux gestes maladroits et aux yeux si tristes. Mais ce soldat sans guerre sut apprivoiser son enfant. Plusieurs soirs de suite, il lui chanta la berceuse. Ce fut comme une complicité tendre entre eux. Cette berceuse les accompagna l'un et l'autre durant plusieurs années.

Et c'est ainsi que son propre enfant, des années plus tard, devenu père à son tour, découvrit que quand sa fille avait du mal à s'endormir, quand elle avait du chagrin, quand elle était en colère, il pouvait l'apaiser en lui chantant la berceuse.

Devenue grande à son tour, sa fille chantonnait spontanément, les jours de vague à l'âme, cette mélodie qui l'avait accompagnée durant toute son enfance. Quand elle fut mère, elle la chanta à son fils. Et lui, bien des années plus tard, devenu le mari d'une femme appartenant à ce peuple que son pays avait voulu décimer – une rescapée qui avait survécu aux camps de la mort –, la chanta à celle qu'il aimait. Cette femme devenue mère adopta la berceuse, et la chantonna à son premier enfant.

C'est ce jour-là que la berceuse retrouva sa vraie place, dans la langue de ses origines. Elle revenait dans son berceau à elle. Elle sentit que la mélodie et les mots s'ajustaient à merveille, la musique et les paroles s'appariaient en des retrouvailles inespérées, comme quand les deux parties d'un symbole[1] se rejoignent et reconstituent le tout qu'ils formaient autrefois. Elle reconnaissait toutes les intonations et les modulations qui étaient les siennes depuis toujours.

La berceuse se sentit revivre et sut qu'elle ne serait jamais plus perdue. Et qu'à travers des femmes et des hommes qui allaient s'aimer, elle serait transmise encore et encore aux enfants de l'avenir.

1. Au sens étymologique, un « symbole » désigne à l'origine un objet coupé en deux dont la réunion sert de signe de reconnaissance.

Le conte de la petite coccinelle qui découvrit l'urgence de s'accorder de l'attention et même de prendre soin d'elle

Il était une fois une coccinelle qui avait passé l'essentiel de sa vie à aider tous ceux qui, autour d'elle, se sentaient en difficulté, tous ceux qui avaient besoin d'un coup de patte pour se relever d'une épreuve, traverser une période difficile de leur vie ou ne serait-ce qu'affronter un problème du quotidien.

Elle n'hésitait jamais, répondait toujours présente et bien sûr, vous pouvez l'imaginer, elle s'était « blindée », selon une expression qu'on emploie chez les coccinelles.

Cela voulait dire que jamais au grand jamais elle n'aurait demandé de l'aide pour elle-même, ni accepté de montrer le moindre signe de faiblesse ou d'incertitude. Aux yeux de tous, Lounatha paraissait forte, solide, ayant toujours réponse à tout.

Dans les échanges, elle s'affirmait, énonçait ses idées et renonçait rarement à son point de vue. Elle discutait point par point sur un ton parfois un peu péremptoire qui laissait croire aux autres qu'elle était autoritaire et peut-être trop sûre d'elle, voire arrogante, tellement ses paroles pouvaient être perçues comme tranchantes, catégoriques et définitives.

Dans son entourage professionnel, elle était l'objet à la fois d'une réelle admiration – plus ou moins cachée – et de critiques tout aussi fondées – plus ou moins exprimées.

Cet état de fait durait depuis des années, mais peut-être savez-vous comme moi que, lorsque l'on utilise l'essentiel de ses énergies au service des autres, on se dévitalise, on ne nourrit plus sa propre histoire, on n'alimente plus son imaginaire et surtout on ne se rend même pas compte qu'on refoule soigneusement tout ce qui concerne son propre passé, qu'on le maintient avec beaucoup de ténacité (ou d'inconscience) sous le boisseau, tout au fond d'un gouffre d'oubli.

Lounatha, sans même le savoir, utilisait beaucoup, beaucoup d'énergie pour maintenir une pression quasi permanente sur les souffrances de son enfance, comme pour éviter qu'elles ne remontent à la surface. Sans se rendre compte qu'elles étaient toujours présentes en elle et parfois réactivées par certains événements de sa vie actuelle.

Ce que je dis là, cette coccinelle passa bien sûr longtemps à le nier. Elle affirmait :

– Moi, j'ai eu une enfance normale, comme tout le monde. Je ne vois pas de quoi j'aurais souffert en étant petite, je m'en suis bien sortie, j'ai été très tôt indépendante, je n'avais besoin de personne. D'accord, mon père n'était pas très présent, son travail semblait très souvent prioritaire et lui prenait beaucoup de temps, mais moi je ne demandais rien. D'accord, mes parents ont divorcé quand j'avais dix ans, mais c'est de l'histoire ancienne. D'accord, nous avons déménagé plusieurs fois et je perdais chaque fois mes amies, mais de toute façon je n'ai jamais eu beaucoup d'amies très proches. Bon, d'accord, je suis tombée malade, enfin… j'étais un peu faible des poumons, on m'a envoyée en préventorium pendant la moitié d'une année, j'ai été séparée de mes parents, mais il faut bien commencer un jour à se retrouver seule ! Et puis, de toute façon, je n'aime pas parler de moi et surtout je n'aime pas qu'on parle sur moi. Je suis très sensible et même chatouilleuse sur ce point…

Et depuis quelque temps justement, chaque fois qu'on parlait d'elle, elle se mettait à pleurer, à pleurer désespérément. Des sanglots venus de très loin dans son corps, qui remontaient vers sa gorge, vers ses yeux, qui envahissaient tout son être. Elle pleurait, pleurait sans pouvoir donner un nom à sa détresse, sans pouvoir nommer son désespoir ni relier ses pleurs à une quelconque cause précise. Il y avait chaque fois un élément déclencheur, un mot, une question qu'on lui posait, une remarque entendue, qui n'était pas nécessairement désagréable mais qui agissait comme un détonateur et la faisait pleurer, pleurer.

Elle osa s'avouer à elle-même d'abord, puis à son papa – qui en fut tout ému :

– J'ai peur de faire une dépression, de me perdre, de ne plus savoir qui je suis, où je suis. J'ai besoin de me faire aider…

Oui, ce jour-là, pour la première fois de son existence, Lounatha trouva le courage de demander de l'aide.

Quand je résume ainsi la situation en quelques mots tout simples, cette décision peut paraître banale et évidente, mais pouvez-vous entendre la dose de courage et aussi d'humilité nécessaire pour reconnaître qu'on a besoin d'être aidé quand on sent au profond de soi que l'on n'arrive plus à affronter le quotidien dès le matin. Quand se lever, se nourrir, aller au travail, dormir devient une vraie corvée. Quand les gestes les plus ordinaires demandent un effort inouï, quand on commence une tâche qu'on ne peut terminer, quand l'appartement se remplit d'objets inutiles que l'on n'arrive pas à jeter à la poubelle, quand tout se fige autour de soi, comme un brouillard froid et épais qui ne se dissipe pas. Oui, il en faut du courage pour accepter d'appeler au secours en sentant qu'on ne peut sortir tout seul de la tristesse qui nous habite, qu'on n'arrive plus à apaiser les tempêtes émotionnelles qui nous agitent, qu'on ne peut diminuer la fatigue qui nous assaille ou réduire l'inquiétude diffuse qui nous tord le ventre à tout moment de la journée et surtout de la nuit ! Quand notre corps double de volume et qu'on sent que tous ces kilos ne sont pas à nous, qu'ils sont là comme des étrangers, des envahisseurs qui dévorent notre vie.

En écrivant ce petit conte, j'espère que ceux qui me liront entendront combien je suis ému à la pensée que cette petite coccinelle a su enfin trouver les mots pour appeler, demander et reconnaître qu'il n'y a pas d'âge pour commencer à prendre soin de soi, pour se donner du temps et un espace afin de pouvoir se dire en toute liberté devant quelqu'un dont c'est le métier d'écouter. Pour être enfin entendu et accepter de clarifier, de nettoyer, de mettre un peu d'ordre dans son histoire passée et présente. Pour ne pas rester pris dans les situations inachevées de l'enfance.

Et cela dans un seul but : pouvoir mieux accueillir le bon, le doux, le joyeux qui sont toujours présents dans toute existence, s'ils ne sont pas étouffés par les retours toxiques intempestifs et envahissants du passé.

Le conte de la petite hérissonne qui ne mangeait que ce qu'elle aimait

Il était une fois une petite hérissonne qui ne voulait manger que ce qu'elle aimait !

Vous allez tout de suite me rétorquer que c'est très fréquent et pas seulement au pays des hérissons. On pourrait même ajouter que c'est normal de ne manger que ce que l'on aime. C'est aussi le cas dans d'autres pays, comme au pays des coccinelles dont vous avez déjà entendu parler. Vous allez m'affirmer qu'au fond c'est très banal, mais les parents ont souvent un autre point de vue. Comme tous les parents, les parents hérissons veulent que leurs enfants mangent non pas ce qu'ils aiment mais ce qui est bon pour leur organisme.

C'est ce qu'on appelle la « guerre des repas ». Tous les parents hérissons ont connu cette épreuve, car beaucoup d'enfants hérissons font des histoires quand ils sont à table. Certains ne veulent pas manger ce que leur maman (ou leur papa !) a préparé. Un jour, d'ailleurs, un petit hérisson avait renversé son assiette de haricots verts en disant à sa maman :

– J'en veux pas de tes vers de terre tout verts !

La petite hérissonne de notre conte avait, quant à elle, une phrase favorite dès qu'elle passait à table et que sa maman servait quoi que ce soit dans son assiette :

– C'est pas bon, j'en veux pas !

Et ce « C'est pas bon ! » retentissait chez sa maman comme une mise en cause de toute sa personne. Cela veut dire que ces paroles résonnaient dans sa tête et aussitôt dans son esprit de hérissonne adulte. Elle pensait tout de suite : « Alors ce que je fais, ce que je prépare avec tant d'amour, tant de soin, tant d'attention, tout cela ne vaut rien, n'est pas bon du tout ! Non, ce n'est pas possible ! Je suis pourtant une bonne mère, une maman attentive, qui aime son enfant, qui veut son bien, qui souhaite qu'elle grandisse ! »

Oui, le refus catégorique de la petite hérissonne retentissait comme le pire des reproches, dans les oreilles et le cœur de sa maman, comme un rejet d'elle-même, comme si elle entendait au-delà des mots une sorte d'accusation silencieuse, terrible, dirigée contre elle : « Ce que tu as fait est mauvais, la nourriture que tu veux me donner ne vaut rien !» En entendant ce qu'elle prenait pour un reproche résonner dans sa tête, elle se sentait une très mauvaise maman.

C'était insupportable pour cette maman hérisson.

Au bout de quelques mois, comme elle n'en pouvait plus, elle essaya d'apprendre à sa fille de dire autrement ce qu'elle éprouvait. De dire non pas : « C'est pas bon » mais : «Je n'apprécie pas» ou : «Je n'aime pas». Elle pensait ainsi que de telles formulations permettraient à son enfant d'une part d'apprendre à dire ses propres ressentis, d'autre part à ne pas confondre ressentis (apprécier ou ne pas apprécier) et sentiments (aimer ou ne pas aimer). Dire : «Je n'apprécie pas» ou : «Je n'aime pas» n'aurait pas voulu dire que les plats qu'elle préparait étaient considérés comme nécessairement mauvais.

Mais au pays des hérissons, la communication entre parents et enfants n'est pas toujours simple.

La petite hérissonne pensait, elle, que dire : «J'aime» ou : «J'aime pas» s'adressait seulement à une personne, pas aux choses. Elle avait beaucoup de mal à dire : «J'aime pas la soupe», parce qu'elle aimait très fort sa maman et aussi son papa, même si ce dernier était souvent parti en déplacement, car il était représentant en protège-piquants, une protection vendue en magasins spécialisés et bien utile, au pays des hérissons, pour ne pas se blesser quand on est ensemble dans le même lit !

La petite hérissonne croyait que dire : «J'aime pas cette soupe ou ce plat» revenait à dire : «Je ne t'aime pas, maman !» Et ça, elle ne le pouvait pas le dire, parce que ce n'était pas vrai pour elle !

Vous remarquerez certainement qu'avec les mêmes mots, on peut dire entre parents et enfants des choses incroyablement différentes et parfois opposées.

Vous allez me demander comment cette petite hérissonne et sa maman vont pouvoir se parler sans se blesser. Comment elles pourront échanger, partager sur les choses importantes qu'on peut se dire entre une maman et un enfant.

Il leur faudra sans doute beaucoup de temps, de patience, de persévérance. Cette maman devra apprendre à ne pas s'emporter chaque fois que sa petite hérissonne dira : « C'est pas bon ! » au lieu de : « Je n'apprécie pas » ou : « Je n'aime pas ». Peut-être que la maman osera dire : « Je n'ai pas préparé d'autre plat aujourd'hui, si tu ne fais pas un effort pour manger ce que je t'ai servi dans ton assiette, je crois que tu vas avoir faim. Par contre, si tu peux déjà manger la moitié de ce qu'il y a dans ton assiette, même si tu ne l'apprécies pas, je crois que ce sera bon pour ton corps. » Peut-être aussi qu'elle se définira mieux devant son enfant en disant : « Aide-moi à t'apprendre à manger de tout, non pas tout, mais un peu de tout, par petite quantité, de ce que je te prépare pour les repas. »

Elle pourra faire découvrir à sa petite hérissonne que, de même qu'on peut apprendre à parler, à voir, à entendre, à sentir, à toucher, on peut aussi apprendre à modifier ses goûts, à les développer et à les affiner, et constater qu'il y a beaucoup de choses que l'on peut apprendre à manger voire à apprécier, même si au début le goût de tel ou tel plat ou aliment ne nous plaît guère.

Il y a dans la bouche d'une petite hérissonne des milliers de papilles qui sont autant de petites pattes qui vont toucher, goûter chaque nouveau plat, chaque nouveau légume, pour l'apprivoiser avant de l'avaler.

Mais je crois surtout que le plus important, c'est de savoir comment sera nourrie la relation qu'il y aura entre la mère et la fille. Pour la transformer en une relation de confiance, dans laquelle il sera possible d'exprimer le meilleur comme le plus difficile des ressentis vécus par l'une et par l'autre. Sans que chacune se sente remise en cause par ce que lui dit l'autre, en acceptant ce qu'on appelle au pays des hérissons, un « partage en réciprocité ».

Le conte de la libellule qui bégayait

Il était une fois une libellule, Mincka, qui vivait dans une grande ville, pas très loin de la mer. C'est là qu'elle avait tenté de fonder une famille, en vain d'ailleurs, car son mari l'avait quittée, la laissant seule pour élever son enfant.

Mincka essayait avec beaucoup de courage d'affronter un quotidien pas toujours agréable à vivre. Vous savez, au pays des libellules, prendre en charge toute seule l'éducation d'une petite libellule est parfois difficile. Cela demande non seulement de l'amour, mais aussi de l'attention, de la patience, une certaine rigueur et surtout beaucoup de temps.

Il faut que je vous dise à propos de Mincka que chaque fois qu'elle voulait dire quelque chose d'important, elle sentait que les mots se bousculaient, d'abord dans sa tête, puis dans sa bouche, et n'arrivaient pas à sortir dans le bon ordre. Et comme vous pouvez l'imaginer, elle avait beaucoup de choses à dire, car ce qui se passe dans les pensées d'une libellule défie tout ce que nous, les humains, pouvons concevoir. Elle avait des choses à dire sur elle-même, sur sa vie actuelle, sur son enfance, sur son travail, sur ses rêves les plus secrets aussi, sur ses désirs, sur ses projets. En fait, elle avait à dire sur tout ce qui lui était arrivé dans son existence de libellule. Elle aurait bien aimé parler de sa fille qu'elle adorait et qu'elle voyait se transformer sous ses yeux en une jeune, vibrante et belle libellule, elle aussi pleine de rêves, de désirs et de projets de vie.

Il se passait quelque chose de très bizarre chez cette maman libellule. Ainsi, quand elle sentait très fort tout ce qu'elle avait à dire, les mots se formaient bien dans sa tête, mais ils arrivaient dans le désordre, tous ensemble dans sa gorge. Comme chacun de ces mots voulait se précipiter vers ses lèvres, c'était une grande bousculade et même le chaos ! Tous ces mots qui voulaient s'évader de sa bouche pour arriver jusqu'aux oreilles de celui ou de celle à qui Mincka s'adressait se mélangeaient et formaient un son étrange, inintelligible, une bouillie verbale incompréhensible !

Vous le comprenez bien, tout se passait comme si, la sortie étant trop étroite, les mots se cognaient entre eux, se disloquaient et pouvaient même se blesser les uns les autres. Il faut dire quand même que cette petite libellule très tenace, très volontaire ne se décourageait pas pour autant. Elle arrivait, à force d'efforts, à dire l'essentiel, à dire tout au moins ce qui était important pour elle. Elle l'exprimait avec des gestes, en écrivant quelques mots sur un bout de papier, pour tenter de se faire comprendre à tout prix. Mais on sentait bien qu'elle souffrait, qu'elle aurait voulu parler comme tout le monde, sans bégayer, sans achopper, sans hésiter, sans être obligée de s'y reprendre à deux ou trois fois parfois.

Un jour, un vieux monsieur libellule lui demanda :

– Pouvez-vous me dire à quel moment votre bégaiement est arrivé dans votre vie ?

Une grande émotion envahit la maman libellule, ses yeux se remplirent de larmes, elle fit avec l'une de ses ailes un signe, secoua la tête comme pour dire non, non, puis avec sa patte montra le signe trois. Elle voulait certainement dire que son bégaiement était entré dans sa vie de petite libellule à l'âge de trois ans.

Comme il y avait beaucoup de monde autour d'eux, le vieux monsieur libellule n'insista pas. Mais il resta très songeur. Que s'était-il passé dans la vie de cette libellule quand elle avait trois ans ? Que lui était-il arrivé ? Et surtout qu'est-ce qu'on lui avait fait ?

Car, nous le comprenons mieux aujourd'hui, un bégaiement n'arrive pas sans raison dans la vie d'une libellule. Au pays des libellules, quand un dysfonctionnement, un malaise durable, un comportement atypique surgit dans le corps ou transforme les attitudes et les habitudes d'un enfant libellule, cela veut généralement dire qu'il s'est passé quelque chose de grave ou d'important. Quelque chose qui a meurtri l'enfant libellule, quelque chose qui lui a été imposé ou qui a blessé sa sensibilité ou son corps.

Toutes les interrogations restent ouvertes. Cette ex-enfant libellule aurait-elle vécu toute jeune quelque chose dont elle n'a jamais pu parler ? Aurait-elle entendu quelque chose qu'elle n'aurait pas dû entendre ? Aurait-elle vu quelque chose qu'elle n'aurait pas dû voir ? Aurait-elle subi une violence ? Aurait-elle fait quelque chose que, depuis l'âge de ses trois ans, elle se reprocherait ? Aurait-elle perdu quelqu'un à qui elle tenait beaucoup ? Les questions et les conjectures sont innombrables. Et bien sûr nous n'avons pas les réponses.

Seule cette libellule devenue adulte pourrait y répondre, car tout au fond de son corps elle sait, elle, ce qu'elle a vécu autour de ses trois ans. Même si sa mémoire consciente lui fait défaut pour l'instant, son corps, lui, garde la trace de tout ce qui lui est arrivé, il sait à sa manière.

Peut-être trouvera-t-elle quelqu'un à qui en parler, peut-être écrira-t-elle même une suite à ce petit conte… C'est du moins ce que j'espère de tout mon cœur.

Je vais d'ailleurs laisser un peu de place au bas de cette page pour qu'une libellule que je connais puisse écrire le plus important, ce qui n'a jamais été dit !

Le conte de la petite loutre qui aimait d'amour

Il était une fois une petite loutre qui aimait d'un vrai amour, un amour d'amour ! Pas un pseudo-amour comme il s'en trouve parfois au pays des loutres, quand l'un dit à l'autre : « Je t'aime » et qu'au fond, cette déclaration veut plutôt dire : « Je te veux ».

Vous allez tout de suite me demander ce qu'est un amour vraiment d'amour ou me dire que tous les amours sont de l'amour. Pas toujours, pas toujours.

Dans l'amour parental, qu'il ne faut pas confondre avec l'amour amoureux, les choses sont à la fois plus claires et quelquefois plus douloureuses. L'amour est le plus souvent présent, chez les parents, et chez les enfants. Il est là, même si parfois, du côté des parents et de certaines mères en particulier (toujours au pays des loutres), il est maladroit, un peu envahissant ou au contraire, chez certains pères, plus caché, plus pudique ou sporadique. Certains jours, des pères en donnent beaucoup, puis d'autres jours pas du tout, parce qu'ils sont pris par bien d'autres choses. Leur amour est là, mais ils oublient de le donner et de le montrer, ou bien ils considèrent que comme il est évident pour eux, il l'est aussi pour leurs enfants et qu'il n'est point besoin d'en témoigner.

Pour l'amour amoureux, c'est plus compliqué. L'amour peut mettre longtemps à naître, à s'éveiller et surtout à se partager.

Mais attention, il ne faut pas confondre, comme je vous l'ai dit dès le début de ce conte, les pseudo-amours avec l'amour. Au pays des loutres, les formes que prennent les pseudo-amours sont variées et bien plus subtiles qu'on ne pourrait le croire. Ainsi, il y a des amours qui ont le goût de l'amour, la douceur de l'amour et qui n'en sont en fait que des apparences. C'est le cas quand on veut surtout être aimé.

Certains disent : « Je t'aime », mais leur affirmation recouvre une demande quand ce n'est pas une exigence en quête d'une réassurance : « Aime-moi, aime-moi encore plus ! » D'autres font des déclarations grandiloquentes et pleines d'effusion comme : « Je n'aime que toi, je n'ai jamais aimé personne comme toi, je t'aimerai toujours, je t'aime à en mourir… » Tout d'abord, être circonspect quand un « Je t'aime » est suivi ou précédé d'un autre mot : « Bien sûr que je t'aime ! », « Je t'aime bien », « Je t'ai toujours aimé(e) ! », « Je n'aime que toi ». Un vrai « Je t'aime » se suffit à lui-même. Et quand l'autre vous dit : « Tu sais, je t'aime encore », c'est mauvais signe !

Certains « Je t'aime » veulent dire « Je te désire ». Et peut-être ces faux « Je t'aime » vont-ils laisser croire à leur destinataire qu'il est aimé et lui faire accepter de se laisser caresser ou même de faire l'amour ! Au pays des loutres, c'est très courant, il paraît que les garçons loutres surtout sont des spécialistes de ces « Je t'aime » avec lesquels ils essaient d'obtenir d'une loutre fille qu'elle réponde à leurs désirs !

Mais Magdalena, la petite loutre dont je veux vous conter l'histoire, avait vraiment beaucoup d'amour en elle pour son papa. Il se trouve que celui-ci, très occupé par son travail, souvent en voyage, n'était pas capable de recevoir l'amour de sa fille. Pour tout dire, il n'avait pas le temps et ne voyait même pas que sa petite fille l'adorait, était prête à tout pour obtenir un peu d'attention, un regard, un geste, un petit bisou de sa part.

Et vous savez sans doute que l'amour parental (comme d'ailleurs l'amour amoureux) demande du temps. Du temps pour se donner, pour être reçu, pour être partagé par des câlins, des mots de tendresse, des regards doux...

Savez-vous qu'au pays des loutres, l'amour quand il est donné et reçu est capable d'arrêter le temps, de le ralentir pour permettre à chacun, celui qui aime et celui qui est aimé, de grandir tout à l'intérieur, de se sentir meilleur, plus entier ?

Et comme vous le devinez, l'amour que Magdalena, la petite fille loutre, avait pour son papa n'étant pas reçu, il emplissait son corps. Je devrais dire qu'il le remplissait au point qu'elle était devenue énorme. Elle avait au moins trente kilos en trop. Ne croyez pas qu'elle mangeait beaucoup, qu'elle se gavait comme d'autres peuvent le faire de sucreries, de chocolat ou de pâtisseries, non, pas du tout ! Elle mangeait normalement, mais cet amour qu'elle ne pouvait donner puisqu'il n'était pas reçu, elle le gardait tout en elle, le stockait. Avec l'espoir secret qu'un jour son papa pourrait le recevoir. Elle imaginait souvent, le soir dans son lit, le jour où son père serait là, présent, disponible, les bras ouverts, un sourire doux aux lèvres, le regard tendre, les yeux brillants et qu'il aurait le temps pour accueillir et recevoir tout l'amour de sa petite fille.

Si un jour vous rencontrez ce papa loutre, peut-être pourriez-vous l'avertir, l'inviter à être plus attentif, plus présent, plus réceptif à l'amour de sa fille. Peut-être pourriez-vous lui demander d'ouvrir les yeux et de ne pas voir seulement tous les kilos en trop de sa fille, mais tout l'amour que ces kilos représentent, que Magdalena, sa fille, porte en elle et qui l'étouffent. Ces kilos qui pèsent lourd, si lourd dans son corps. Peut-être pourriez-vous avoir la gentillesse de le prévenir, avant que sa fille ne devienne méconnaissable et qu'il ne la reconnaisse même plus !

J'aimerais tellement que vous puissiez passer ce message à un père qui ressemblerait à l'homme que je fus. Un père qui, pendant longtemps, longtemps, fut un papa aveugle et sourd à tout l'amour que l'une de ses filles avait pour lui.

Le conte de la petite marmotte qui ne comprenait pas d'où venait sa tristesse

Vous savez peut-être qu'au pays des marmottes, les mamans peuvent porter dans leur ventre, durant plusieurs mois, deux bébés, des jumelles ou des jumeaux qui parfois se bousculent un peu à la sortie du ventre, pour savoir qui sera le premier !

Il était une fois une maman marmotte qui, justement, était très contente d'avoir dans son ventre deux petits bébés marmottes. Elle se réjouissait à l'avance d'attendre des jumelles et avait déjà choisi leurs prénoms. Elle avait préparé deux petits berceaux dans lesquels elle voyait ses petites filles l'une à côté de l'autre, tournées l'une vers l'autre. Elle avait même imaginé accrocher au-dessus de la tête de chacune un petit médaillon, différent pour l'une et pour l'autre, de façon à ne pas se tromper si jamais elles se ressemblaient trop.

Au début de sa grossesse, quand elle avait appris qu'elle attendait des jumelles, elle avait été très fière d'annoncer à son mari qu'il serait bientôt papa de deux petites filles et à son propre père qu'il serait grand-père de deux petites marmottes ravissantes. Et au pays des marmottes, je peux vous le garantir, les grands-pères sont très fiers de leurs petites-filles !

Mais la suite ne se passa pas comme l'avait anticipé la maman marmotte.

À la naissance des petites marmottes, à la sortie du ventre de leur maman, il y en avait une, Nadia, qui était très vivante et l'autre, Diana, qui était déjà morte. Oui, Nadia était vraiment très vivante, elle cria, bougea, gesticula tout de suite, ses petites pattes déjà prêtes à courir, tandis que l'autre, Diana, pas vivante du tout, restait muette, immobile, les yeux clos. Il se trouve parfois au pays des marmottes, sans que l'on sache exactement pourquoi, qu'un bébé n'arrive pas à rester vivant dans le ventre de sa maman.

Ah, comment vous exprimer la grande tristesse et les pleurs de la maman, la tristesse grave et retenue du papa, l'immense tristesse silencieuse du grand-père ! Mais comment vous dire aussi l'immense joie de la maman, du papa, du grand-père d'avoir quand même Nadia, une petite fille vivante ! Avec des grands yeux tout pleins de vie, avec des joues roses, avec un petit ventre tout rond et tout doux sur lequel sa maman ne pouvait s'empêcher de déposer des bisous légers et tendres, des bisous en double, tous les bisous qu'elle aurait aimé donner à ses deux jumelles, si toutes les deux avaient vécu !

Nadia, inutile d'insister, fut entourée de beaucoup d'amour, de soins, d'attentions, et cependant, malgré tout cet amour qu'elle recevait, tous les soins dont ses parents l'enveloppaient, il y avait tout au fond d'elle une tristesse profonde. Une tristesse qu'elle décida très tôt, toute petite, d'essayer de cacher pour ne pas faire de la peine à ses parents. Une tristesse qui l'empêchait d'être réellement heureuse.

Personne autour d'elle ne savait d'où venait la tristesse de Nadia, personne, y compris elle-même, ne savait pourquoi elle était si triste.

Mais moi qui connais bien les enfants marmottes, je sais combien cette tristesse venait de loin, de très loin. Cela peut vous surprendre, mais cette tristesse était née quand Nadia était encore dans le ventre de sa maman, toute proche, toute serrée contre sa sœur jumelle Diana. Si proche qu'elle avait bien entendu que sa sœur Diana avait du mal à respirer. Oui, Nadia, dans le ventre de sa mère, avait eu peur que sa sœur meure, là tout près d'elle !

Elle aurait tant voulu aider sa sœur, faire quelque chose pour elle. Puis-je vous dire que Nadia retenait parfois sa propre respiration en imaginant que sa sœur aurait un peu plus d'air, qu'elle pourrait mieux respirer et donc ne pas mourir…

Mais vous savez déjà la suite : sa sœur jumelle, certainement très affaiblie, était morte juste en sortant du ventre de la maman.

C'est pour cela que Nadia, la petite marmotte dont je vous raconte l'histoire, était triste, comme si elle se sentait un peu responsable de la mort de sa sœur jumelle.

Vous allez certainement me demander comment faire pour qu'elle ne soit plus triste, comment faire pour aider cette petite marmotte à profiter pleinement de la vie qui est en elle, comment lui permettre d'oser jouer, rire ou s'amuser.

C'est son grand-père qui eut l'idée de demander à un vieux monsieur qui connaissait bien les marmottes d'écrire le conte que vous êtes en train de lire. Et ce grand-père, après avoir lu le conte, décida de le raconter à Nadia, sa petite-fille qui était si triste. Un soir, il s'assit au bord de son petit lit et il lui lut très lentement ce conte.

En l'écoutant, Nadia la petite marmotte pleura beaucoup mais en même temps elle entendit enfin qu'elle n'était pas responsable de la mort de sa sœur Diana. Elle comprit que chaque enfant est conçu à l'intérieur d'un cycle de vie, dont nul ne sait à l'avance la durée. Ce cycle de vie peut être de quelques heures, de quelques mois ou de plusieurs dizaines d'années, et personne ne sait quand il peut s'interrompre. Parfois il peut se terminer quand on est encore dans le ventre de sa maman et d'autres fois après la sortie du ventre, bien plus tard, beaucoup plus tard, quand on est devenu très vieux.

C'est le grand mystère de la VIE. Une VIE transmise depuis le début de l'humanité, de parents en parents.

Au pays des marmottes, durant toute la période de l'enfance de leurs petits, les parents s'occupent d'eux sans trop être attentifs à la VIE qui est tout à l'intérieur d'eux, mais plus tard, quand une marmotte devient adulte, ce sera à elle de prendre soin, d'aimer et de respecter la VIE qui est en elle !

Ainsi Nadia, la petite marmotte qui croyait être responsable de la mort de sa sœur, comme vous avez pu le comprendre, décida de ne plus envelopper de tristesse la VIE qui était au profond d'elle-même, et prit la résolution de la protéger comme un bien très précieux.

Et peut-être qu'un jour, à son tour, Nadia transmettra la VIE, en devenant maman, mais cela est une autre histoire.

Le conte de la petite souris qui croyait qu'elle comptait pour du beurre

Il arrive parfois à certains ex-enfants souris de découvrir qu'ils n'ont pas été désirés comme souricettes mais qu'ils étaient attendus par leurs parents, par leur père surtout, comme souriceaux. Et sentir la déception ou entendre l'amertume de son papa ou sa maman de voir venir au monde une fille alors que l'un et/ou l'autre espéraient un garçon pèse lourd, très lourd sur le cœur d'un enfant.

On pourrait même dire que c'est comme une blessure ouverte qui s'inscrit durablement dans son corps, dans son esprit et qui va saigner longtemps tout à l'intérieur. Par la suite, mille événements de la vie de famille vont sans cesse réveiller cette blessure et inscrire profondément des doutes chez cette petite souris. Comme si elle entendait, sans arrêt : « Tu n'as pas bien fait, tu n'as pas dit ce qu'il aurait fallu dire, tu aurais dû faire autrement, tu aurais mieux fait de te taire, et de toute façon, quoi que tu fasses, tu me décevras toujours, tu ne seras jamais l'enfant que j'attendais, que j'espérais, que je voulais ! Au fond tu n'es qu'une fille ! » Vous pouvez imaginer les dégâts que peut provoquer dans la vie d'une petite souris le fait de rester enfermée dans un ressenti persistant, douloureux, celui de ne pas avoir une valeur suffisante pour retenir l'attention de son père, de ne pas être suffisamment intéressante pour occuper ses pensées, déclencher un sourire, susciter une caresse ou un mot gentil de sa part.

Chez cette petite souris en particulier, ce sentiment d'incapacité engendra d'immenses souffrances récurrentes. Quand elle fut devenue adulte, ces souffrances se réactivaient chez cette souris, avec des résonances douloureuses, quand, dans une relation affective proche, quelqu'un pouvait émettre, sans s'en rendre compte, quelques remarques ou demandes qui étaient entendues comme des reproches, des mises en cause, des dévalorisations. Autant de messages qui renforçaient sa croyance de base : « Je n'ai aucun intérêt réel pour les autres, de toute façon je ne serai jamais à la hauteur de leurs attentes ! »

Cette souris avait rassemblé toutes ces convictions dans une phrase qui empoisonnait son existence : « Je compte pour du beurre. » Cette expression banale, mais qui était chargée, chez elle, de beaucoup d'amertume et de ressentiment était l'équivalent d'un coup de poing au milieu de sa poitrine. Le beurre n'a aucune valeur pour les souris, c'est le fromage qui en a ! Le fromage qu'on place, chez les souris, au-dessus de tout. Ah, si au moins elle avait compté pour du fromage, elle aurait acquis la certitude qu'elle avait de la valeur, qu'elle était importante pour ses parents, pour les autres souris qu'elle aurait rencontrées, elle aurait eu la confirmation qu'elle pouvait être recherchée, appréciée et peut-être même aimée !

Dois-je vous dire que cette petite souris ne se maria jamais ? Comme si elle n'était pas capable d'intéresser un partenaire masculin ou de savoir le garder près d'elle. Au pays des souris, des spécialistes ou des soi-disant experts en relations conjugales auraient fait l'hypothèse qu'elle était trop exigeante, réclamant – sans les trouver – des qualités exceptionnelles chez un partenaire, pour tenter de compenser, sans le savoir, ses propres doutes, sa propre non-valeur.

Il faut quand même le dire, elle ne s'engageait pas totalement dans une relation, elle restait à la périphérie de tout le bon et l'intime qu'elle aurait pu partager avec un partenaire. Tout se passait comme si elle refusait en quelque sorte de s'abandonner, de faire confiance. Car comment faire confiance à l'autre quand on n'a pas confiance en soi ?

Sa dernière histoire sentimentale – je ne dis pas « d'amour » – était exemplaire en ce sens. Ce fut une relation importante pour elle, qui dura plus de dix ans. Une relation qui s'acheva par une mise à distance de la part de son partenaire, ce qui eut pour effet de déchirer la relation. Oui, de la déchirer, d'en laisser deux lambeaux, chez l'un et chez l'autre, deux lambeaux quasi injoignables au travers desquels peu de choses pouvaient à nouveau passer, se rejoindre ou s'accorder encore.

Qui pourra lui donner des ancrages suffisamment forts pour qu'elle accepte de se reconnaître comme aimable, ce qui veut dire susceptible d'être aimée ? De se sentir appréciée dans son travail, dans sa personne, dans sa façon de conduire sa vie ? De se reconnaître comme un être unique avec, inscrite à l'intérieur d'elle, une croyance nouvelle qui lui permettrait de se (ré)conforter et de se dire : « J'ai de la valeur » et sur laquelle elle pourrait s'appuyer et avancer ainsi dans l'existence ?

Je peux déjà imaginer ce que deviendra cette souris quand elle pourra se libérer des messages toxiques qu'elle a perçus de ses parents, en les renvoyant à chacun d'eux. Je peux rêver à l'adulte accomplie qu'elle va devenir si elle n'entretient plus d'autosaboteurs en elle : une adulte créative, pleine d'énergie, combative, qui sera remarquée pour son ouverture, qui sera désirée pour sa présence !

Le conte de la petite tang qui n'avait pas confiance en elle

Il était une fois une petite fille tang très belle, très vivante et d'une grande intelligence. De plus elle était douée d'une sensibilité fine et subtile, qui aurait dû lui permettre de nouer de nombreuses relations. Mais cette petite tang n'avait aucune confiance en elle.

Cela peut paraître étonnant, car Anaoul avait beaucoup de ressources en elle, comme j'ai tenté de vous le montrer en quelques lignes, mais malgré tous ses dons, elle doutait. Elle ne se faisait pas confiance en étant persuadée que c'étaient les autres qui ne lui faisaient pas confiance ou ne l'aimaient pas !

Elle doutait surtout à la fois de sa capacité d'être aimée et de l'amour que pourrait avoir un autre tang à son égard. Les questions qui tourbillonnaient tout au fond d'elle-même, chaque fois qu'elle envisageait de nouer une relation affective, étaient : « Est-ce que l'autre m'aimera vraiment ? Est-ce qu'il tiendra à moi ? Est-ce qu'il sera fiable ? Est-ce qu'un jour, déçu par moi, il ne va pas me quitter ? » La demande la plus secrète qui l'habitait se résumait à ces interrogations : « Est-ce que je peux être aimée pour ce que je suis et pas uniquement pour mon corps, ma poitrine, la finesse de mon visage, mes yeux bleus, mon élégance ?... Est-ce que c'est ce qui est à l'intérieur de moi, tout ce qu'on ne voit pas qu'on pourra aimer ? »

Mais peut-être ne savez-vous pas ce qu'est un tang. Non ? Alors je vais vous le dire. C'est un petit animal qui ressemble à un hérisson, avec un long nez. C'est un animal très gentil, sans autre défense que quelques piquants, qui habituellement sont rentrés et ne sortent que lorsqu'il se sent en danger.

Oui, le tang, comme tous les hérissons, a des piquants. Le problème, voyez-vous, c'est que quand deux tangs s'aiment, ils veulent s'approcher très près l'un de l'autre. S'ils se rapprochent trop vite, ils se piquent et ainsi se font mal sans le vouloir. Alors ils s'éloignent, se séparent, mais s'ils sont vraiment attirés l'un par l'autre, ils tentent quand même de se rapprocher à nouveau, et bien sûr ils se piquent encore. Pas toujours avec leurs piquants d'ailleurs, mais parfois avec des mots, des réflexions, des jugements de valeur, des critiques, des reproches, ce qui fait que, blessés dans l'image intérieure qu'ils ont d'eux-mêmes, ils s'éloignent à nouveau en se faisant la tête, se séparent et parfois se perdent à jamais. Certains ne se découragent pas et découvrent généralement qu'ils peuvent partager amour, tendresse et échanges sans se piquer, une fois qu'ils sont parvenus l'un et l'autre à trouver la bonne distance. La bonne distance pour rester proches, se câliner, sans se faire mal, sans se blesser !

Pour cette petite Anaoul, sa non-confiance remontait aux circonstances liées à la séparation de ses parents. « Mais comment, se disait-elle, comment un tang et une tang qui se sont aimés, qui ont eu des enfants, qui ont vécu ensemble plusieurs années peuvent-ils se séparer ? Comment est-il possible qu'ils ne s'aiment plus ? Qu'ils divorcent pour vivre chacun de leur côté ? S'ils ne s'aiment plus alors qu'ils se sont aimés, c'est que l'amour n'est pas fiable, qu'on ne peut pas lui faire confiance. Alors cela veut dire que si mon papa qui a aimé ma maman ne l'aime plus, peut-être qu'un jour il ne m'aimera plus non plus ! Et que ma maman qui a aimé mon papa et qui continue de l'aimer, je le vois bien, va souffrir de ne plus être aimée par son mari. Qu'elle peut même rester désespérée à l'idée qu'il puisse aller avec une autre tang ! Comment pourra-t-elle continuer de vivre avec tant de souffrance ? »

Vous comprenez peut-être d'où venait la non-confiance de la petite Anaoul.

Vous allez me demander comment cette petite fille – et plus tard cette jeune fille – pourra retrouver sa confiance en l'amour. Je n'ai pas de réponse, mais ce que je peux dire, c'est que si déjà elle aime la VIE qui est en elle, cette VIE qui lui a été transmise au moment de sa conception par sa mère et son père, alors la confiance va naître, se développer, grandir en elle.

Au début sa confiance s'appuiera sur deux racines importantes qui s'appellent « amour » et « respect de soi ». Par la suite, elle rayonnera et se consolidera avec un troisième ancrage qui se nomme « responsabilité » et plus tard encore avec un quatrième ancrage, « fidélité à soi-même ».

C'est ce que je souhaite à cette petite Anaoul car j'ai une grande confiance en elle.

Le conte des bébés qui discutaient ensemble dans le ventre de leur maman

Il était une fois deux bébés qui cohabitaient dans le ventre de leur maman. Cela arrive parfois que deux bébés soient conçus en même temps. Et là, bien au chaud, l'un contre l'autre, suçant leur pouce, ils discutaient très sérieusement, en zézayant un peu.

Le premier, celui qui était du côté du cœur, demandait à l'autre :

– Et toi, tu crois à la vie après l'accouchement, quand on sortira du ventre ?

Le deuxième lui répondit :

– Bien sûr. C'est évident que la vie après l'accouchement existe. Nous sommes ici pour quelques mois seulement, le temps de nous construire un peu, et puis on sortira et on débarquera sur la planète Terre, qui se trouve dans un immense univers dont personne ne connaît les limites ! Toi et moi, dans ce ventre, on a commencé par être une toute petite cellule, puis un embryon minuscule, on a grandi comme fœtus, mais nous avons encore besoin de nous fortifier un peu. Et quand le grand jour sera arrivé, il faudra se préparer, se retourner, plonger vers le bas, d'abord la tête puis le reste du corps. Je crois qu'on sera accueillis, parce que nous sommes très attendus ! Moi, je crois qu'il y a toute une nouvelle vie à l'air libre avec plein de choses passionnantes qui nous attendent de l'autre côté du ventre !

Le premier bébé haussa les épaules et renifla :

– Pfff… tout ça, c'est des histoires, notre vie à toi et moi est ici. Je me sens bien, même si parfois c'est un peu à l'étroit. D'ailleurs il faut que je te dise que parfois tu me donnes de sacrés coups de genou dans le ventre et même des coups de coude dans le cou !

Le deuxième s'excusa en lui disant qu'il ne le faisait pas volontairement, que cela était dû au fait qu'il n'y avait pas beaucoup de place pour bouger dans ce ventre. Effectivement, depuis quelques semaines, chacun grandissait de plus en plus. Il ajouta :

– Heureusement que l'heure de notre sortie approche… Plus que quelques jours d'après mes calculs…

Le premier reprit aussitôt :

– Moi, je crois qu'il n'y a rien après l'accouchement ! Et d'ailleurs à quoi ressemblerait une VIE hors du ventre ?

Le deuxième, qui jusque-là paraissait bien informé, hésita à répondre :

– Eh bien, il y a beaucoup d'histoires à propos de l'autre côté… On dit que là-bas, il y a beaucoup de lumière, plein de bruits et surtout de gens qui vont s'agiter autour de nous. Et souvent aussi beaucoup de joie et d'émotions, et en plus on dit que la vie qui nous attend va durer des dizaines d'années…

– Ce n'est pas possible, tu m'annonces un cauchemar, ici on a tout, on n'a même pas besoin de demander, tout nous arrive automatiquement. On n'a même pas besoin de se laver, on dort quand on veut, on peut bouger sans demander la permission, tu te rends compte de la chance qu'on a ! Ici, dans le ventre, on est dans une sorte de paradis ! Rien de mal ne peut nous arriver !

Le deuxième bébé commençait à être un peu irrité, il voyait bien que son frère de ventre ne voulait pas le croire, alors soudain il révéla quelque chose d'inouï :

– Il paraît que là-bas on va manger avec notre bouche, du lait d'abord, de la bouillie ensuite et plus tard des légumes, de la viande, du chocolat et même des bonbons !

– Mais c'est n'importe quoi ! Là tu inventes pour me faire peur ! Ici nous avons un cordon ombilical personnel toujours bien rempli, et c'est ça qui nous nourrit. Enfin, tous les bébés le savent : on ne se nourrit pas par la bouche, regarde bien, dit-il en montrant son cordon relié à son ventre et en touchant du doigt celui de son frère. D'ailleurs, comme il n'y a jamais eu de bébés qui sont revenus de cette autre vie dont tu parles, moi je te le dis sans hésiter : tout ça, ce sont des balivernes, des contes qu'on raconte à des bébés naïfs ou à des bébés qui ne sont jamais contents de la vie qu'ils ont, alors ils s'inventent une autre vie, ailleurs, qui leur paraît toujours meilleure. Pour nous, les bébés qui vivons ici, pour toi et moi, la vie se termine tout simplement à l'accouchement. D'accord, on sort du ventre, on passe de l'autre côté, mais après c'est fini. Certes, on ne sait pas ce qui se passe ailleurs que dans le ventre, le monde où nous vivons. C'est comme ça, il faut l'accepter. On aura eu, toi et moi, une belle vie dans ce ventre, tu dois bien le reconnaître !

– Eh bien, permets-moi de penser autrement. C'est sûr, je ne sais pas exactement à quoi ressemble cette vie après l'accouchement et je ne peux rien te prouver. Mais j'aime croire que dans la vie qui viendra après, nous verrons enfin notre maman tout entière, avec ses yeux, sa bouche, ses mains, tout son corps et qu'elle nous parlera, nous câlinera, prendra soin de nous.

– C'est vrai qu'ici, depuis le début, on n'a pas eu beaucoup de câlins et de caresses. Mais là, tu y vas un peu fort, tu viens de dire « maman » ! Ah ça, c'est la meilleure ! Et où se trouve-t-elle, celle que tu appelles « maman » ?

– Mais partout, tu vois bien ! Elle est partout autour de nous ! Nous sommes pour l'instant dans son ventre, comme une partie d'elle-même, mais différents quand même ! C'est grâce à son corps que nous vivons. Sans elle, nous ne serions pas là. Ensuite, en sortant du ventre, nous allons avoir notre propre corps, séparé du sien ! Et c'est à ce moment-là qu'elle s'occupera sérieusement de nous ! On devra tout apprendre et ceux qui vont nous apprendre comment vivre et se sentir bien en dehors du ventre, on les appelle des « parents » !

– C'est absurde ! Je n'ai jamais vu aucune maman, donc c'est évident que ça n'existe pas.

– Depuis que nous avons commencé cette discussion, je vois bien que nous avons des croyances et des points de vue très différents. Alors je ne peux que te dire ce que je ressens. Comme je suis très curieux, tu as pu le remarquer, j'ai cherché à comprendre ce que nous allons devenir. Ainsi parfois quand tu dors, que tu arrêtes de bouger sans arrêt et que tout devient plus calme autour de nous, eh bien j'entends une voix très lointaine, très douce, qui nous chante des berceuses. Je peux sentir une présence, quelque chose qui caresse doucement l'endroit où nous sommes, et c'est ainsi que j'ai compris : je suis certain que celle qui nous porte est impatiente de nous voir sortir pour s'occuper de nous, pour nous parler en direct, pour prendre soin de tous nos besoins et même de notre besoin d'être aimés.

– Alors si tu entends des voix, moi je ne veux plus discuter avec toi ! En plus, moi, je n'ai pas besoin d'être aimé, je me sens bien, je ne demande rien d'autre. Ici j'ai tout ce que je veux, c'est toi qui veux autre chose !

– Oui, je veux naître enfin, car je sais que notre vraie vie va commencer après l'accouchement, avec notre entrée dans le monde…

– J'en étais sûr, tu es en plein délire, tu imagines qu'il y a un monde, un autre monde au-dessus de nous, tout autour du ventre qui nous porte, et tu crois que ce monde nous attend ! Qu'il va nous faire une place plus grande ! Un monde où tu pourras marcher, courir, rencontrer et discuter avec d'autres bébés que moi. Un monde où tu seras important et aimé pour ce que tu es, même si tu es plus têtu qu'un placenta qui ne se décourage jamais de nous nourrir, même si tu as mauvais caractère. Même si tu es fou en tentant de mettre dans ma tête des idées qui n'existent pas !

– Oui, je crois à tout ce que je t'ai dit et même à plus encore. Je crois que, dans ce monde qui nous attend à la sortie du ventre, on va encore beaucoup grandir, on va rencontrer plein d'autres personnes, avec qui on parlera, on pourra faire de la musique, de la peinture, écrire, planter des arbres, s'aimer et à notre tour faire même des bébés !

– Au secours, au secours, mon jumeau délire ! Arrête, arrête, je n'en peux plus, je ne sais plus où donner de la tête !

– Bon, je me tais, tu apprendras bien tout seul quand le moment sera venu. C'est ce que font tous les bébés quand ils sortent du ventre, ils apprennent d'un seul coup à découvrir l'immensité de la VIE qui les entoure.

– Attends, attends, il y a quelque chose qui m'a échappé : tu disais qu'à notre tour, quand on sera plus grands, on pourra faire des bébés ?

– Bien sûr !

– Là, tu commences à m'intéresser !

Il me faudrait plusieurs livres pour vous raconter tout ce que ces deux jumeaux ont pu se dire avant de sortir du ventre qui les avait accueillis durant neuf mois : un pour dire tout ce à quoi ils croyaient, un autre pour exprimer tout ce qu'ils ne croyaient pas, les suivants… Plusieurs livres, je vous assure !

Le conte du petit bison qui voulait savoir si sa maman l'aimerait toujours

Il était une fois un petit bison qui avait en lui une grande inquiétude et un désir aussi grand que son inquiétude. Une grande inquiétude et un grand désir qui se combattaient à l'intérieur, ce qui faisait que ce petit bison marchait toujours de travers. Quand il allait quelque part, on croyait qu'il en revenait et quand il revenait d'un endroit, on croyait qu'il y allait. Ce qui pour un bison est très curieux et perturbant : ses parents comme ses amis ne savaient jamais où ils en étaient avec lui, ni quelles étaient ses intentions.

Son inquiétude, pour vous le dire de la façon la plus simple, était de savoir si sa maman l'aimerait toujours. Toujours, cela voulait dire pour lui : même quand il serait grand ! Bref, son désir était d'obtenir la certitude que l'amour de sa maman ne disparaîtrait jamais.

Vous allez tout de suite me dire que c'était la même chose, que son inquiétude et son désir étaient semblables même s'ils étaient exprimés de façon un peu différente. Vous auriez envie de lui dire que si son inquiétude disparaissait, alors son désir serait satisfait ! Réfléchissez quand même. Ce n'est pas certain, car son inquiétude était bien chez lui, tandis que son désir, réfléchissez encore un peu, dépendait de la réponse de sa maman. Il n'avait pas la maîtrise de la réponse à son désir. Le hic, c'est qu'il cherchait à obtenir une garantie que seule sa maman aurait pu lui assurer. La réponse à son désir dépendait de sa mère. Et vous devez maintenant sentir aussi combien il était difficile pour lui d'arriver à diminuer son inquiétude et en même temps de satisfaire son désir !

Pour l'instant, ce qui était sûr, c'est que sa maman l'aimait. Elle tentait de le lui prouver de différentes manières. Mais quand elle n'était pas contente, parce qu'il avait fait une bêtise, commis une erreur ou désobéi, elle était capable de se fâcher. Alors le petit bison pensait qu'elle ne l'aimait plus. Il confondait l'amour de sa maman avec l'irritation ou la colère qu'il déclenchait chez elle par son comportement ou sa conduite. Il n'avait pas encore compris qu'une mère n'aime pas son enfant en fonction de ce qu'il fait bien ou ne fait pas bien, mais en fonction de ce qu'il est. L'amour maternel ou paternel s'adresse à la personne et ne dépend pas des bêtises commises par l'enfant.

C'est pour cela qu'au pays des bisons les parents ne disent jamais à leur enfant : « J'aimerais que tu fasses ton lit. J'aimerais que tu termines tes devoirs. J'aimerais que tu prennes ta douche. J'aimerais que tu ranges ta chambre. » Ils ne mélangent pas sentiment et relation. Ils disent clairement à leur enfant : « Je te demande de faire ton lit. Je suis impatient de te voir terminer tes devoirs. Je préfère que tu prennes ta douche tout de suite, avant le repas, plutôt qu'après. Je suis un peu irritée quand je vois que ta chambre n'est pas rangée ! »

J'imagine donc que si les parents du petit bison (celui-ci s'appelait, j'allais oublier de vous le dire, Jeveutoutoud'suit') parlaient un peu avec lui, pour lui dire la différence qu'il y a entre l'amour des parents pour leur enfant et l'irritation qu'il peut provoquer chez eux par son comportement, j'imagine que son inquiétude tomberait un peu et que son désir serait moins pressant en lui. Mais dans le cas de ce petit bison, je pense qu'il faudra du temps et de la patience.

Le conte du petit éléphant qui s'interrogeait sur ses origines

Les enfants, il faut le savoir, se posent beaucoup de questions sur les adultes qui les entourent et en particulier sur leurs parents. Que ce soit le soir dans leur lit, avant de s'endormir, ou à table quand soudain, songeurs, ils tiennent leur fourchette à mi-chemin de leur assiette et de leur bouche, ou encore dans leur bain avec de la mousse plein les cheveux, ou sur le chemin de l'école quand ils sautent avec plaisir dans les flaques d'eau, les enfants ont plein de questions qui tournent et tournent dans leur tête. Des questions silencieuses qui restent à l'état de pensées dans leur esprit ou sous forme de mots retenus tout au fond de leur gorge, des questions essentielles qu'ils voudraient bien poser directement à l'un ou l'autre de leurs parents, mais qu'ils gardent en eux, comme s'ils craignaient d'entendre la réponse.

Et savez-vous quels sont les enfants qui se posent le plus de questions ? Je vais vous l'affirmer sans hésiter : ce sont les petits éléphanteaux.

En effet, la tête des éléphanteaux est remplie de questions. En voici quelques-unes : « Comment puis-je savoir que mon papa est réellement mon papa ? Des fois il se montre si dur avec moi, si méchant même, que je me demande si c'est bien mon vrai père. Et maman, est-ce qu'elle voulait une fille ou un garçon ? J'ai l'impression qu'elle aurait préféré un garçon alors que je suis une fille ! Et même si elle m'a dit qu'elle désirait une fille, je vois bien qu'elle m'en veut un peu car elle sent qu'elle a déçu papa, qui voulait tellement fort un garçon ! J'ai entendu un de ses copains de travail lui dire : "Moi, à ta place, j'aurais été si déçu que j'aurais quitté ma femme. Une femme qui n'est pas capable de te donner un garçon, moi je préfère partir !" Et j'ai vu papa ce jour-là hocher de la trompe comme pour lui donner raison ! »

Un autre éléphanteau que je connais bien se demandait souvent : « Mais pourquoi ils ont fait un autre enfant après moi ? Est-ce que je ne leur suffisais pas ? Est-ce que je les ai déçus ? Est-ce que je ne ressemblais pas assez à celui qu'ils attendaient ? »

Un autre encore se demandait s'il n'avait pas été trouvé au bord du chemin ou d'un étang. Le plus malheureux croyait qu'il devait remplacer son frère qui était mort, tué par un braconnier, qu'il avait été conçu juste pour apaiser le chagrin que sa mère avait eu de perdre un premier enfant.

Mais Timothy, le petit éléphanteau dont je veux vous parler, croyait, lui, que sa maman n'était pas sa vraie maman et qu'on l'avait adopté. Ce qui fait qu'il était très souvent en colère à la fois contre sa maman qu'il croyait être sa maman adoptive et contre la maman imaginaire qui, pensait-il, l'avait abandonné ! Ne me demandez pas comment une telle croyance était entrée dans son esprit et dans son cœur, je ne le sais pas, ce que je sais c'est qu'un enfant – et cela est vrai dans tous les pays –, quand il entend quelque chose venant de ses parents ou de personnes importantes pour lui, sélectionne un mot, une phrase, un bout du discours et le transforme en message. Tous les parents devraient le savoir : les enfants ne se comportent pas en fonction de ce qu'on leur dit, mais en fonction de ce qu'ils entendent. Ce qui peut donner lieu à beaucoup, beaucoup de malentendus !

Des éléphanteaux adoptés, il en existe partout, il y en a chaque année plusieurs dizaines, peut-être même des centaines qui sont recueillis parce que leurs parents sont morts, ou encore parce que celles qui les ont portés dans leur ventre ne se sont pas senties capables de les élever, pensant à l'avance qu'elles ne sauraient pas répondre à leurs besoins ou qu'elles ne s'imaginaient pas en mesure de les aimer suffisamment.

Ce n'était pas du tout le cas de Timothy. Ses parents étaient bien ses vrais parents, sur ce point il n'y avait pas de doute ! Sa mère l'avait gardé dans son ventre pendant vingt et un mois, son père était bien son père, mais ce petit éléphanteau croyait dur comme l'ivoire qu'il avait été adopté. Et, vous savez, quand un éléphant enfant ou adulte a dans la tête une conviction intime, il est quasiment impossible de la déloger, de la modifier ou de la changer. Pourtant sa mère et son père avaient bien tenté de le rassurer, de lui raconter comment il était né, au soir d'une journée de grande chaleur alors qu'ils avaient rassemblé des herbes sèches auprès d'une petite rivière. Ils lui avaient dit que, sitôt qu'il était sorti du ventre, ils l'avaient lavé, séché, puis mis entre eux et s'étaient serrés contre lui pour qu'il n'ait pas froid une fois la nuit venue. Ils lui avaient donné maints détails qui visaient à exprimer la joie, le plaisir qu'ils avaient éprouvés d'avoir un nouvel enfant. Ils avaient ajouté qu'ils l'avaient vraiment désiré, tout comme ses frères et sœurs. Mais aucune de ces explications n'avait convaincu le petit éléphanteau.

Ce que ses parents ne savaient pas, c'est que Timothy avait entendu un jour deux jeunes éléphants qui n'étaient pas de sa famille s'étonner en parlant de lui :

– Oh, celui-là, on se demande d'où il peut venir. Il ne ressemble pas du tout à ses frères !

Ces mots avaient eu une résonance terrible en lui. S'il ne ressemblait pas à ses frères, alors qui étaient ses vrais parents ?

Nous voyons ici les conséquences d'un phénomène très fréquent au pays des éléphants, ou comment, à partir d'une petite phrase anodine, de quelques mots toxiques qui se déposent sur quelqu'un, on peut réveiller sa sensibilité et faire qu'il va entretenir une souffrance durable en imaginant des choses qui ne sont pas réelles.

Un jour, à bout d'arguments, les parents de Timothy demandèrent l'aide de tous leurs amis. Ils vinrent nombreux. Tous les adultes et les enfants du troupeau avaient répondu à l'appel. Ils s'assirent tous en rond et le plus âgé demanda au petit éléphanteau s'il pouvait dire comment cette pensée négative que ses parents n'étaient pas ses parents, comment cette idée qu'il avait été adopté, comment cette pensée sans fondement apparent était entrée dans son esprit. À partir de quel événement, à la suite de quelle situation avait-il été amené à croire que ses parents n'étaient pas ses parents ?

Timothy, dans un premier temps, n'osa pas dire ce qu'il avait entendu, il craignait qu'on ne le croie pas, qu'on le traite de menteur ou qu'on puisse penser qu'il avait inventé cette histoire pour attirer l'attention sur lui. Il redoutait aussi qu'on se moque de lui. Mais devant le silence, l'attention, l'écoute bienveillante de chacun, il sentit qu'on souhaitait vraiment l'aider et, en pleurant, il révéla ce qui s'était passé.

Alors le plus âgé des éléphants lui demanda d'aller chercher le plus gros caillou qu'il puisse porter et de revenir avec.

– Le plus gros que tu puisses porter avec ta trompe, ajouta-t-il.

Deux jours plus tard, le petit éléphanteau était de retour avec un énorme caillou tout noir qu'il avait trouvé dans la montagne proche. Chemin faisant, il avait repéré plusieurs gros cailloux, mais chaque fois il pensait qu'il n'était sûrement pas assez gros, qu'il devait y en avoir de plus gros encore et effectivement il avait fini par en remarquer un qu'il avait eu du mal à soulever, puis à porter, mais qu'il s'était décidé à choisir. Il avait mis du temps pour rentrer car il se déplaçait lentement et péniblement. Il faisait quelques pas puis, n'en pouvant plus, posait l'énorme caillou – presque un rocher –, le reprenait durant quelques enjambées encore, le posait encore et ainsi de suite durant toute la deuxième journée.

À son retour, tous les éléphants qui l'avaient attendu patiemment se réunirent à nouveau et le plus vieux du troupeau prit solennellement la parole :

– Ce caillou représente les propos que tu as entendus, ceux qui t'ont fait tellement de mal. Aussi nous allons t'aider à l'enterrer pour que tes pensées soient plus légères, moins noires, moins tristes. Tu vas commencer par creuser un trou là, à cet endroit, nous t'y aiderons, et quand le trou sera suffisamment grand et profond, c'est toi qui pousseras le caillou pour qu'il roule tout au fond, ensuite tu le reboucheras tout seul. Ainsi cette mauvaise pensée qui t'habitait disparaîtra et ne t'encombrera plus.

Tout se déroula comme je viens de le décrire. Peut-être n'allez-vous pas me croire, mais le petit éléphanteau retrouva sa joie de vivre. Il avait bien intériorisé que c'est lui qui avait détourné le sens du message des deux jeunes éléphants qu'il avait entendu. Il avait enfin compris que ses parents lui avaient bien donné la VIE. La VIE qui était la sienne, qui habitait son corps, qui allait grandir à l'intérieur de lui et qui serait son meilleur compagnon jusqu'à la fin de son existence.

Le conte du petit escargot qui avait peur de mourir

Il était une fois Kevin, un jeune escargot, qui avait très peur de mourir. Parfois il imaginait qu'il aurait voulu être déjà mort pour mourir sans trop souffrir. Il croyait en effet, comme il n'avait encore jamais rencontré la Mort, qu'il fallait souffrir pour mourir.

Dans sa tête d'escargot, il pensait que s'il pouvait rencontrer la Mort, discuter un peu avec elle, il pourrait lui expliquer qu'il ne voulait pas souffrir le jour où elle viendrait le chercher, qu'elle devrait faire très attention avec lui, être douce et même gentille, et surtout venir le plus tard possible dans sa vie.

Mais au pays des escargots, personne n'avait jamais pu rencontrer la Mort. Sauf précisément ceux qui étaient morts, qui l'avaient entrevue juste en mourant et qui n'étaient plus là pour en parler !

Bien sûr Kevin, comme vous et moi, ne savait pas exactement ce qu'était la Mort. Vous devez comprendre qu'au pays des escargots, on n'aime pas parler de la Mort aux enfants. D'abord parce qu'on pense que la Mort s'intéresse surtout aux vieux escargots, ceux qui ont la coquille toute trouée, qui ont des cheveux blancs, qui avancent avec peine pour trouver leur nourriture et qui, un matin, restent immobiles, tout contre un arbre, la Mort les ayant emportés.

Il faut que je vous dise quand même que ce jeune escargot aimait beaucoup jouer : un jeu très simple qui l'excitait et le faisait beaucoup rire. Chaque fois qu'il voyait un arbuste, un petit arbuste, pas très grand, il prenait son élan et il grimpait, grimpait, montait le plus haut possible, s'avançait le plus loin qu'il pouvait sur une des branches, rentrait dans sa coquille et se laissait glisser tout au bord, le plus au bord, jusqu'au moment où la petite branche pliait, se tordait. Alors il tombait tout en bas sur un tapis de mousse et une fois à terre, tout à l'intérieur de sa coquille, il riait, il riait à en avoir mal au ventre. En fait il s'entraînait à sa façon à vivre des petites morts. Mort de rire qu'il était dans ces moments-là ! Et puis il recommençait, s'élançait, grimpait, s'avançait, se blottissait dans sa coquille et se laissait aller à tomber, pour rire encore et encore.

Ce matin-là, après avoir beaucoup ri, il ouvrit les yeux, se prépara à s'élancer à nouveau, mais vit tout à côté de lui un vieil escargot avec une barbe toute blanche. Le vieil escargot lui demanda :

– C'est vrai que tu as peur de rencontrer la Mort ? J'ai entendu parler de toi et on m'a dit que tu étais un jeune escargot qui aimait jouer tout seul, mais qui avait peur de mourir. Alors je suis venu te voir. Parce que moi aussi, quand j'étais petit, j'avais peur de la Mort, c'est pourquoi j'ai tenu à te rencontrer pour en parler avec toi, si tu es d'accord.

– Je crois, répondit aussitôt Kevin, que si on rencontre la Mort, c'est qu'on n'est plus vivant !

– Tu as tout à fait raison. Mais tu sais qu'on peut parler à quelqu'un même si on ne le voit pas ?

– Ah bon ? s'étonna Kevin.

– Oui, bien sûr, moi c'est ce que j'ai fait. Et tu sais ce qui est arrivé ?

– Non, ou plutôt si, répondit le petit escargot qui n'avait pas sa langue dans sa poche. Ça veut dire que vous avez parlé dans le vide !

– Pas du tout ! Au début, je croyais que je parlais dans le vide, comme tu le dis, c'est-à-dire à personne en particulier, et puis… et puis j'ai commencé à entendre une voix. Une voix qui venait de l'intérieur de moi, qui résonnait dans ma coquille.

– Une voix, une vraie voix ? demanda Kevin en écarquillant ses deux antennes pour mieux entendre la réponse.

– Oui, une voix qui me disait : « Tu as peur de la Mort, mais tu ne la connais pas, tu ne l'as jamais vue. C'est vrai que tant que tu es vivant, tu ne peux pas voir la Mort, mais tu peux l'entendre en imaginant ce qu'elle pourrait te dire. Car elle a quelque chose d'important à te dire… » Ainsi me parlait cette voix à l'intérieur de moi.

– À l'intérieur de vous ?

– Oui, et je pense qu'il y a en toi aussi une voix qui peut te parler. Nous avons tous une voix intérieure qui nous permet d'entendre les choses importantes de la vie.

– Quoi par exemple ?

– Eh bien, que si tu as peur de mourir, c'est qu'il y a en toi un grand désir de vivre et même de bien vivre ta vie de jeune escargot et plus tard ta vie d'adulte !

– C'est cette voix, à l'intérieur de nous, qui nous dit tout ça ?

– Oui, c'est elle qui m'a appris que derrière toute peur il y a un désir ! Ah, si tu savais tout ce que cette voix m'a appris ! Elle m'a surtout enseigné l'essentiel, à savoir qu'il faut prendre soin de la VIE qui est en nous, qu'il n'est pas nécessaire de la mettre en danger en traversant une route trop large, en mangeant n'importe quoi, n'importe comment, en ne prenant pas le temps d'écouter ce qu'elle a à nous dire. Elle m'a appris qu'il est même possible de parler avec elle.

– Même si on ne l'a jamais vue ! s'écria Kevin.

– Cette petite voix qui est en nous, même si on ne la voit jamais, on peut l'écouter. Elle nous dira combien il faut apprendre à respecter son corps en faisant de l'exercice. Toi, d'ailleurs, tu es un champion pour grimper sur tous les arbustes que tu rencontres ! Il est important aussi d'apprendre à respirer, à faire un peu de méditation…

– C'est quoi la méditation ? demanda le petit escargot qui entendait ce mot-là pour la première fois.

– Pour un escargot, la méditation c'est prendre un peu de temps rien que pour soi. C'est trouver un petit endroit calme où personne ne te marchera dessus, ne te demandera de faire tes devoirs ou de ranger ta chambre. Une fois que tu as trouvé cet endroit, tu t'installes confortablement, tu fermes les yeux et puis tu respires. Tu essayes seulement d'entendre ta propre respiration. Simplement respirer.

– Seulement respirer et rien d'autre ? Moi j'ai besoin de bouger, de jouer, d'aller où je veux…

– Seulement t'entendre respirer. C'est cette voix qui me l'a dit et je le fais tous les jours, encore aujourd'hui. Prendre de l'air, comme ça. (Le vieil escargot gonfla sa poitrine, ferma les yeux.) Là maintenant, j'imagine que je prends le maximum d'air et que je me remplis de tout le bon qui m'entoure, puis j'expire et là j'imagine que je rejette au loin tout le mauvais, le pas bon qui est en moi ou qui m'entoure.

– Oui, mais moi, je ne peux pas faire tout cela, murmura le petit escargot, j'ai sans arrêt des pensées dans ma tête, des tas de pensées qui se bousculent. J'ai la tête toute pleine d'idées, de projets, de peurs aussi.

– Justement, c'est ce qui s'appelle « méditer ». Se donner un peu de temps à soi, s'installer dans un endroit calme et commencer à entendre sa respiration. Et dès qu'une pensée arrive, tu la transformes en souffle, en respiration. Pensée bonne, tu inspires, tu l'avales, pensée mauvaise, tu expires, tu la rejettes. Tu souffles au loin ce qui n'est pas bon pour toi et tu gardes tout le bon.

– Et ça suffit pour être heureux ?

– Ça ne suffit pas toujours, mais c'est un bon début pour faire du bien à ton corps, à ton esprit. Et puis, tu vois, ma voix m'a fait découvrir combien il est important de savoir rire.

– Ça, je sais le faire, j'aime rire !

– Oui, dit le vieil escargot, voilà bien longtemps que je t'observe et que je t'entends rire tout au fond de ta coquille.

La curiosité de Kevin était maintenant tout à fait éveillée, et il questionna longtemps, longtemps le très vieil escargot qui lui dit encore :

– Et puis, j'ai appris tout seul qu'il est important chaque matin de remercier la VIE qui nous entoure. De la remercier vraiment d'être là, vivante, pour nous permettre de vivre l'instant présent. J'ai appris aussi que derrière toute peur il y a un désir, comme je te l'ai déjà dit, et qu'il y a des désirs qui n'ont besoin de personne d'autre que nous pour se réaliser, par exemple le désir d'être un bon compagnon pour soi-même !

– Mais si je veux parler, j'ai besoin de quelqu'un pour m'entendre, affirma Kevin.

– La voix qui est en toi peut t'entendre en premier, il suffit de lui parler, d'oser lui parler.

La nuit tombait, le jeune escargot devait rentrer chez lui. Il remercia le vieil escargot de toute la patience dont il avait fait preuve pour lui expliquer des choses dont il n'avait jamais entendu parler jusque-là. Et je crois qu'il se fit à lui-même la promesse de prendre un peu et même beaucoup de temps pour entendre la voix intérieure qui était en lui.

Ce n'est que quelques jours plus tard qu'il songea qu'il aurait pu le remercier de lui avoir transmis ce message essentiel dont il allait se souvenir durant toute son existence : derrière toute peur, il y a un désir.

Le conte du petit garçon qui découvrit qu'il y avait plusieurs cœurs dans un seul cœur d'enfant

Je vais certainement vous étonner en vous révélant qu'un petit garçon que je connais bien découvrit un jour qu'il avait plusieurs cœurs dans son cœur. Et donc que chacun d'eux pouvait contenir un amour différent.

Il faut beaucoup de rencontres, de temps et surtout d'émerveillements ou d'épreuves, de souffrances et d'errances pour découvrir que chacun d'entre nous, comme ce petit garçon, possède plusieurs cœurs. Oui, aussi étonnant que cela puisse paraître, nous pouvons découvrir que nous avons plusieurs cœurs !

Au début de sa vie, Richard croyait qu'il n'avait qu'un seul cœur. À la bonne place, là sur le côté gauche de sa poitrine, le cœur qu'il pouvait sentir battre sous sa main chaque fois qu'il le voulait, celui qui était dessiné, décrit dans les livres d'anatomie et dans les dictionnaires comme une sorte de poire à l'envers. Celui contre lequel, un jour où il était malade avec de la fièvre, le docteur avait posé sa tête pour écouter le bruit qu'il faisait, avant de placer sur sa poitrine un drôle d'instrument relié à ses oreilles et de froncer les sourcils puis de sourire à sa mère en disant :

– Ce n'est pas bien grave, il a pris un coup de froid, mais *il a le cœur solide*, il nous enterrera tous !

Richard ne voulait pas enterrer tout le monde et surtout pas ses parents, avec *un cœur solide* ! Il aurait préféré avoir plutôt un cœur normal, pas trop solide, juste suffisant pour vivre ! Pour vivre et pour pouvoir aimer !

Vous l'avez compris, le docteur voulait parler de son cœur physique, de l'organe, celui qui est en quelque sorte le moteur du corps, avec ses valvules, ses ventricules, ses oreillettes, ses embranchements multiples prévus pour pulser le sang dans chaque recoin de l'organisme. Ce cœur qui bat très fort quand on est ému, qui ralentit un peu quand on a peur ou qui s'essouffle quand on court trop vite, qui s'arrête définitivement à la fin de la vie, quand on meurt.

Mais un jour la maman de Richard, le voyant tout pâle, secoué par des spasmes, lui dit :

– Tu dois avoir *mal au cœur*, tu veux peut-être vomir, attends, je vais chercher une cuvette !

Il apprit ce jour-là qu'il avait au moins deux cœurs, celui qui battait à gauche de sa poitrine et celui qui semblait venir de son ventre, qui lui donnait envie de vomir, qui semblait vouloir remonter dans sa gorge et l'obligeait à rendre son repas du soir ou son petit déjeuner. Il ne savait plus à ce moment-là où était passé le premier !

Un peu plus tard, son professeur de gymnastique lui dit, avant une compétition importante :

– Il va te falloir avoir *du cœur au ventre* maintenant, si tu veux terminer cette course dans les premiers !

Richard eut peur pendant toute l'épreuve que son cœur ne remonte dans sa gorge, il voulait qu'il reste bien coincé dans son ventre !

Un dimanche, son père, mécontent, lui dit :

– Ta grand-mère a eu *très mal au cœur* que tu aies oublié de lui envoyer un petit dessin ou un petit poème comme chaque année pour son anniversaire.

Et Richard, plein de sollicitude pour sa grand-mère, répondit :

– Si elle a eu *mal au cœur*, j'espère qu'elle a pu le vomir dans une cuvette !

Il reçut une gifle magistrale suivie d'une leçon de morale qui embrouilla pas mal les choses dans son esprit :

– Tu n'as pas compris qu'elle a eu beaucoup de peine et comme elle a *le cœur fragile*, il faut éviter de lui en causer encore plus. Quand on a *le cœur gros, on a le cœur fragile*...

Cette fois Richard ne comprenait plus rien du tout. Si on a un gros cœur, c'est qu'on est costaud, donc on n'est pas fragile !

Progressivement Richard allait découvrir, parfois avec joie ou étonnement, d'autres fois avec tristesse ou souffrance, qu'il y avait beaucoup de cœurs dans un seul cœur, que ce soit en lui ou chez les autres, des cœurs tous très différents.

Très tôt à l'école, on lui demanda *d'apprendre par cœur* les *Fables* de La Fontaine, de connaître par cœur les tables de multiplication, il sut qu'un de ses petits camarades avait *un cœur de pierre* pour avoir frappé une petite fille sans défense, que le héros d'un livre qu'il lisait *avait un cœur d'acier*, puis, dans un livre d'histoire, il apprit que *le cœur de la France* s'était remis à battre (il s'était donc arrêté !) à la libération de Paris.

Une autre fois il entendit la voisine dire :

– J'ai demandé à ma fille de me parler *à cœur ouvert* !

Alors là, il ouvrit de grands yeux et regarda la fille de la voisine pour savoir comment son cœur avait bien pu s'ouvrir pour parler à sa mère !

Au-dessus de sa tête, il entendait de drôles d'expressions qu'il avait beaucoup de mal à comprendre. Comme l'épicière qui disait :

– Je n'aurai *pas le cœur en paix* tant que mon mari n'aura pas réparé le toit de la remise !

Il se demanda si cela valait vraiment le coup d'avoir un cœur en guerre juste pour un toit de remise à réparer ! Et quand la maman de son meilleur ami le secoua de la tête aux pieds, en criant : « Tu vas arrêter de *faire le joli cœur* avec ma fille », il pensa au contraire que c'était important d'avoir le cœur joli et peut-être même d'avoir un *cœur de lion,* comme le roi Richard dont il portait le nom, pour avoir droit à un sourire de la sœur de son copain qui était si belle !

Un jour il entendit une autre voisine chuchoter à sa maman :

– Et ce jour-là, quand mon fils lui *a ouvert son cœur* en toute confiance, vous savez ce que sa copine lui a répondu : « J'ai déjà *le cœur pris ailleurs* ! »

Il resta songeur, se demandant qui pourrait un jour lui prendre son cœur ou encore ce qu'il devrait faire le jour où quelqu'un lui ouvrirait son cœur !

– Je n'aime pas quand tu fais tes devoirs de vacances *à contrecœur*, lui répétait sa mère tous les étés.

– Mais je n'ai jamais mis les devoirs contre mon cœur, se défendait-il.

– Je veux que tu aies *du cœur à l'ouvrage*, lui serinait-elle.

Alors qu'il ouvrait des yeux tout grand pour essayer de voir où pouvait se trouver l'ouvrage en question. Une autre fois il crut que sa mère était en grand danger tandis qu'elle lui confiait :

– Quand ton père m'a dit qu'il aimait une autre femme, *cela m'a arraché le cœur* ! J'aurais dû deviner que cet homme était *sans cœur* !

– Alors toi et papa, vous n'avez plus de cœur ? Et pourtant vous respirez !

– Je ne respire pas, j'étouffe, je survis, répondit sa mère qui n'avait pas fait le lien entre ce qu'elle avait dit auparavant et ce que son fils avait compris.

C'est souvent comme cela d'ailleurs, il y a une différence énorme entre ce qui est dit par les adultes et ce qui est entendu par les enfants, un écart qui provoque beaucoup d'interrogations chez tous les enfants qui ont *à cœur* de comprendre !

Et un peu plus tard, quand il entendit une nouvelle fois sa mère s'écrier : « Chaque fois que je vois à la télé des enfants mourir de faim, cela m'arrache le cœur ! », il comprit que sa mère avait elle aussi plusieurs cœurs, car il y avait beaucoup d'enfants qui mouraient de faim plusieurs fois par semaine à la télé.

Il rechercha, sans pouvoir mettre la main dessus, les autres saisons qui pouvaient avoir un cœur, après avoir lu : « *Au cœur de l'hiver* russe, Napoléon perdit la plus grande partie de son armée… » Et quand il entendit un ami lui dire : « Je veux en avoir *le cœur net* », il pensa que jusque-là l'ami en question n'avait pas dû avoir le cœur très en ordre !

Le jour où sa grand-mère lui raconta : « J'avais *le cœur au bord des lèvres* quand j'ai vu ma mère tuer un lapin pour la première fois », il lui demanda : « Et comment il est revenu à sa place, ton cœur, mamie ? »

À six ans à l'école, il sentit un matin *son cœur battre la chamade* et ses yeux devenir humides, ses mains toutes moites et sa voix rester coincée au fond de sa gorge. Il ne savait pas que c'était *son cœur d'amour* qui venait de s'éveiller pour une petite fille qui s'appelait Aimée. Ce cœur-là allait s'animer par la suite de nombreuses fois dans sa vie, enfin disons plusieurs fois et à des moments où il s'y attendait le moins. Et chaque fois c'était comme si c'était la première ! Le plus curieux était que ce cœur d'amour semblait se déplacer au même moment à plusieurs endroits dans son corps ! À dix-huit ans, il le sentait dans son ventre, un peu plus tard dans son dos, une autre fois au fond des chaussettes, dans ses pieds, et d'autres fois encore dans sa tête, le soir avant de s'endormir. Ce cœur-là était capable d'être fou de joie, de danser en lui, de crier de bonheur et aussi d'être en colère ou d'une infinie tristesse, de devenir tout gris ou sombre, de pleurer même, silencieusement, tout à l'intérieur.

Ce cœur d'amour n'était pas facile à vivre quand il s'emballait, car Richard ne savait jamais avec certitude ce qui allait se passer en lui. Parfois c'était un cœur fougueux, habité par des sentiments positifs, joyeux, pleins de bonté et d'envie de donner, et d'autres fois c'était un cœur plein de ressentiments, de jalousie, de sentiments mélangés dont il ne parvenait pas à démêler toutes les composantes. Je vous parle maintenant du cœur d'amour qui habitait l'adulte qu'était devenu le petit garçon du début de mon conte.

Il y avait aussi chez Richard un cœur qui se manifestait de temps en temps, un *cœur nomade* qui le poussait à voyager, à changer de métier, à s'intéresser à mille choses en même temps. Quelqu'un qui le connaissait bien lui avait dit un jour : « Tu as *un cœur d'artichaut* ! » et il avait compris que cette expression désignait un cœur qui n'arrive pas à se fixer, qui aime à droite et à gauche, trop facilement peut-être.

Richard devenu adulte sentait bien qu'il y avait beaucoup de cœurs en lui, sans pouvoir les nommer tous, sans pouvoir leur donner à chacun la place ou l'espace dont il aurait eu besoin.

Un jour il découvrit ce que voulait dire « avoir *le cœur qui saigne* », quand celle qu'il aimait le quitta pour toujours. Alors son cœur devint *un cœur nostalgie*, empli de beaux et tendres souvenirs qui restaient accrochés au passé et ne semblaient pas vouloir revenir dans le présent.

Richard se souvenait avec regret du petit garçon qu'il avait été et qui avait cru tout au début de sa vie, il y avait très longtemps, qu'il n'avait qu'un seul cœur, le même que celui de sa mère, celui qui battait dans sa poitrine, là un peu à gauche, juste sous la peau, quand sa maman le prenait dans ses bras et qu'elle lui disait : « Mon *cœur, je t'aime* », avant qu'il ne grandisse, avant qu'il n'entende tous les autres cœurs qui battaient en lui.

Le conte du petit ours qui avait une volonté de fer

Il était une fois un petit garçon qui avait ce qu'on appelait, dans le pays où il habitait, une « tête de bois » ou encore un « caractère trempé dans l'acier ». Ce qui voulait dire qu'il avait beaucoup, beaucoup de volonté et de ténacité. Ainsi, quand il décidait quelque chose, rien mais absolument rien ne pouvait le faire changer d'avis. Ni le regard en colère de son père, ni le sourire enjôleur de sa mère, encore moins les menaces de son grand-père qui pourtant en avait vu d'autres (caractères !).

On disait donc de ce garçon qu'il avait un caractère d'ours mal léché ! Ce qui signifie au pays des ours qu'il n'avait pas été assez léché, câliné par sa mère. En fait, pour vous le résumer en quelques mots, il avait un caractère d'ours polaire.

Les ours polaires, comme vous le savez peut-être, ne changent jamais d'avis quand ils ont pris une décision. Que cette décision soit bonne ou mauvaise pour eux, ils ne peuvent pas y renoncer, ils se ferment à tout raisonnement, n'écoutent aucun conseil, refusent d'entendre qui que ce soit, s'accrochent à leur position et souvent entretiennent en eux – et parfois autour d'eux – beaucoup de mal-être et de souffrance. Car c'est terrible de ne pas vouloir accepter de changer d'avis ou de comportement, de penser qu'on a toujours raison, que c'est l'autre qui a tort ou ne comprend rien. Toujours est-il que quoi qu'il advienne par la suite, tout ours polaire s'en tient à ce qu'il a décidé de faire, sans se soucier des conséquences de ses actes pour lui-même ou pour les autres. Conséquences, je dois vous le dire tout de suite, qui parfois peuvent se révéler fâcheuses ou périlleuses pour lui.

Ainsi, cette année-là, un petit ours blanc avait décidé, le printemps venu, de ne jamais quitter le coin de banquise qu'il habitait avec ses parents, ses frères et ses sœurs. Quand la fonte des glaces commença et que le morceau de banquise sur lequel il était installé se détacha de la montagne blanche où vivaient tous ses proches, il resta assis, muet, refusant de parler, ne répondant pas aux demandes insistantes de sa famille de les rejoindre, de quitter sa place, de bouger, de faire quelque chose pour lui. Il ne voulait rien savoir, gardait le regard fixe, la bouche serrée, les oreilles rabattues pour ne rien entendre. Je crois qu'il boudait.

Emporté par différents courants, le morceau de banquise s'éloigna, dériva, puis, poussé par les vents, descendit vers le sud et se mit à fondre de plus en plus, à diminuer, à diminuer jusqu'à disparaître. Le petit ours se retrouva alors nageant dans les eaux d'un océan qu'il ne connaissait pas, à plus de quelques centaines de kilomètres de sa famille. Les ours, petits et grands, ont beau savoir très bien nager et parfois sur de longues distances, pour le petit ours blanc la situation paraissait sans issue. Il s'était bien trop éloigné pour espérer retrouver la terre ferme de ses origines, se nourrir à nouveau et surtout se reposer.

Ce petit ours, je vous l'ai dit, avait beaucoup de volonté, aussi décida-t-il (une fois de plus) que quoi qu'il puisse arriver, il retrouverait sa famille et son pays natal par ses propres moyens. Mais vous savez comme moi que dans certaines situations la volonté ne suffit pas, elle se révèle insuffisante surtout quand elle est mal utilisée !

En effet, le petit ours ne savait pas qu'en fait il luttait contre sa propre volonté. Car c'était lui et lui seul qui avait décidé de rester sur son morceau de banquise et de se laisser entraîner par les courants, poussé par les vents descendant vers le sud. C'était bien sa décision à lui qui se retournait maintenant contre lui. Et même s'il tentait de toutes ses forces, avec beaucoup de courage, de combattre sa propre volonté qui l'avait conduit là où il était, en nageant vaillamment, sans aucun appui, sans nourriture, pour retrouver la sécurité de la terre ferme ou d'un tout petit bout de banquise, cette lutte avec lui-même était vouée à l'échec, face à une réalité qui ne se pliait pas à ses désirs !

Beaucoup d'enfants, chez les ours comme chez les humains, vous le savez certainement, ont du mal avec la réalité. Ils imaginent que celle-ci doit répondre à leurs demandes, satisfaire tous leurs désirs, qu'elle doit s'ajuster à ce qu'ils veulent ou ne veulent pas. Et dans beaucoup de cas, la réalité ne se laisse pas faire, elle n'est pas toujours malléable et impose ses propres contraintes, impose sa propre loi.

Je ne sais si ce qui arriva au petit ours par la suite mérite d'être raconté tellement c'est triste, tellement je crains de vous faire de la peine.

Du pont d'un cargo équipé d'ordinateurs qui passait par là, un marin l'aperçut. Avec l'accord du capitaine, le grand bateau s'arrêta. À l'aide de palans on retira le petit ours de l'océan, on le recueillit à moitié asphyxié, ayant perdu une grande partie de son poids et de ses poils. On le soigna, on l'enferma dans une cage et, arrivé dans le premier port où le cargo fit escale, on le vendit à un zoo. On croit savoir que c'est le marin qui l'avait aperçu en premier et le capitaine qui se partagèrent le prix que consentit à donner le directeur du zoo pour un petit ours polaire tout blanc.

Tout ce que nous savons de lui aujourd'hui, c'est qu'il s'ennuie à mourir sur une fausse banquise en pierre grise, regardant à longueur de journée des enfants et des adultes qui admirent sa taille et la beauté de sa fourrure mais ne sentent pas l'infini désespoir qu'il y a en lui.

Désespoir que vous pouvez comprendre, celui d'avoir perdu son pays, sa famille, ses amis, de ne pouvoir vivre en liberté dans le Grand Nord, de ne pas connaître la vie normale, pleine d'imprévus et de risques, certes, mais si passionnante d'un ours polaire…

L'histoire de ce petit ours me renvoie – vous aurez sans doute fait le rapprochement – à ce petit garçon dont j'ai parlé tout au début. Lui aussi, à sa façon, quoique très jeune, n'utilisait pas toujours sa volonté à bon escient, ni la force et la puissance de son caractère à son profit. Il s'en servait la plupart du temps contre lui-même. Souvent au cours des repas, quand sa mère lui demandait de terminer son plat, de ne pas jouer avec sa fourchette ou qu'on l'invitait à ne pas interrompre sa sœur quand elle parlait, qu'on lui faisait remarquer que chacun autour de la table pouvait avoir un point de vue différent du sien, il s'écriait : «Je fais ce que j'ai envie de faire» ou encore : «Non, non, c'est moi qui ai raison, c'est la vérité!» Parfois il se lançait dans un grand discours pour démontrer que ce qu'il pensait et disait était plus vrai ou plus important que le point de vue des autres. Quand il se sentait à bout d'arguments, coincé ou pris au dépourvu, alors il s'arrêtait, regardait fixement devant lui, refusait de parler, de bouger, se fermait à tous avec une volonté farouche. Cette obstination pouvait durer des heures, quelquefois des jours. Il devenait dur comme de la pierre, semblait insensible à ce qui se passait autour de lui. Mais à l'intérieur, tout au fond de son être, il se sentait impuissant, comme enserré dans un étau de contradictions, avec parfois les larmes au bord des cils, la lèvre tremblante, mais ne voulant jamais, au grand jamais, en démordre et sortir de son silence. Il avait l'impression que s'il recommençait à parler, ce serait vu comme une preuve de faiblesse. Et apparaître faible, il n'en était pas question pour lui !

Le plus pathétique, c'est que cet enfant faisait usage de sa volonté – d'acier, comme je l'ai déjà dit – contre lui-même et non pour son propre bien-être ! Une volonté qu'il aurait pu utiliser pour apprendre, pour créer, pour développer ses propres ressources et autres qualités qui étaient nombreuses, mais qui, dans l'état d'esprit qui était le sien, se retournaient contre lui, l'empêchant de jouer, de participer à la vie familiale, de rire avec les autres, bref, d'être ce qu'il était réellement : un enfant très vivant, très espiègle, très affectueux. Un enfant très attachant, très aimé, qui trop souvent malheureusement – à cause de son caractère d'ours mal léché, rappelez-vous – se blessait profondément, tout à l'intérieur. Détruisait beaucoup de choses dans sa tête, se polluait, se noyait dans un océan de pensées noires et négatives. Un enfant prisonnier de sa propre volonté ! Car une volonté trop rigide peut être la pire des forteresses dans laquelle nous pouvons nous enfermer de longues années.

Bien sûr, comme il n'était pas perdu au milieu d'un océan à des centaines de kilomètres des siens, il sortait quand même de sa bouderie au bout de quelques heures ou de quelques jours, il reprenait sa place dans la famille. Il redevenait alors pendant quelque temps l'enfant très intelligent, vif, qui posait des questions passionnantes, qui savait plein de choses aussi, car il avait un esprit très curieux et une mémoire excellente. Il retrouvait sa générosité, sa gentillesse et surtout un très beau sourire qui faisait qu'il était – en général – très apprécié par tous les membres de sa famille, par ses copains, par tous ceux qui le fréquentaient... Sauf quand, d'un seul coup, sa volonté d'acier, sa tête d'ours mal léché reprenaient le dessus et qu'il se remettait à bouder... Mais j'ai déjà raconté tout cela !

Vous allez me demander comment ce comportement va pouvoir évoluer. Je dois vous avouer que je ne le sais pas. D'après ce que m'ont dit ses parents tout récemment, il a beaucoup changé ces derniers mois, ses colères, son silence, sa bouderie durent moins longtemps. Il sort plus vite de son enfermement, son sourire, sa vitalité, sa gentillesse reprennent plus rapidement le dessus et il redevient alors l'enfant joueur, plein de créativité qu'il est vraiment au fond de lui.

Je me demande parfois s'il n'a pas rencontré dans un zoo un vieil ours qui lui aurait chuchoté à l'oreille : « Tu sais, quand j'étais jeune, j'avais une volonté d'acier ! Quand j'avais décidé quelque chose, rien ne pouvait me faire changer d'avis. Et puis un jour j'ai dérivé tout seul, de par ma propre volonté, au milieu de l'océan, puis j'ai essayé de nager pour regagner mon pays... et je me suis retrouvé enfermé dans le zoo où je suis aujourd'hui. Je crois qu'en te parlant ainsi, je commence à donner un sens à ma vie, en t'évitant peut-être de te retrouver enfermé pire que dans un zoo ! Car on n'enferme pas les humains dans les zoos, mais ils peuvent s'enfermer tout seuls dans une prison d'airain bien plus redoutable qu'un zoo, celle de leur bouderie, celle de leur mauvais caractère, celle de leur conviction butée qui leur laisse croire dur comme fer qu'« il n'y a qu'eux qui savent »…

Oui, peut-être a-t-il rencontré ce vieil ours !

Le conte du petit koala qui ne voulait pas dormir seul

Il était une fois un petit koala qui ne supportait pas de dormir seul dans sa chambre. Depuis que ses parents s'étaient séparés, il se réveillait la nuit et utilisait toujours la même technique – je veux dire qu'il était très habile pour parvenir à ses fins : dormir avec sa maman !

Voici comment il procédait. Il réclamait trois biberons de lait. Pas d'un seul coup bien sûr, mais successivement, c'est-à-dire trois fois dans la nuit. Vous imaginez si sa maman pouvait dormir tranquille ! Après avoir bu le dernier biberon, il se glissait dans le lit de sa maman en invoquant chaque fois la même jérémiade :

– Maman, maman, je ne peux pas dormir dans ma chambre, je suis trop seul !

Et là, il s'installait confortablement et s'endormait aussitôt.

Ce rituel durait depuis plus de trois ans. Mais il se trouve que sa maman s'était remariée avec un koala très gentil, qui dans un premier temps avait bien accepté de voir sa femme se réveiller, préparer les biberons et même toléré ensuite l'intrusion de l'enfant dans leur lit. Il n'en pensait pas moins, se disant que quand même, sa femme devrait faire un effort pour apprendre à son fils à être plus autonome et surtout moins présent dans leur relation intime.

La maman koala, de son côté, était très embêtée, elle aurait voulu que son petit koala comprenne de lui-même qu'il devait dormir seul dans sa chambre. Elle lui expliquait souvent que maintenant il était devenu grand, qu'il devait comprendre qu'elle avait besoin de sommeil, qu'il la retrouverait chaque matin, qu'il n'avait pas à s'inquiéter, etc. Mais en même temps elle se disait : « Je me suis séparée de son père, il ne faut pas que je le traumatise davantage, il est tout petit, il faut que je sois patiente, je suis sûre qu'un jour il comprendra, je sais qu'il m'aime, et moi aussi je l'aime plus que tout au monde. Bien sûr j'aime encore mon ex-mari, mais ce n'est pas le même amour… »

Vous savez que ce genre de discours est très fréquent chez les mamans koalas qui se culpabilisent pour une raison ou une autre. En fait, tout au fond d'elles, elles souhaitent le plus souvent que leur enfant prenne lui-même les décisions, les responsabilités qu'elles ont de la difficulté à prendre pour elles-mêmes !

Un jour, elle décida tout de même de faire trois choses.

Premièrement, elle prépara trois biberons de lait, mais auparavant elle les avait peints en rouge, jaune et bleu, puis elle les déposa le soir devant la porte de la chambre de son enfant, en lui disant :

– Ces trois biberons sont uniquement pour toi, pour personne d'autre. Tu vois, je les ai peints de trois couleurs différentes. Tu devras commencer par le rouge, puis le jaune et enfin le bleu. C'est très important que tu boives les biberons dans cet ordre-là, car ils sont destinés seulement à toi.

Deuxièmement, elle montra à son fils un beau coquillage qu'elle avait trouvé au bord de la mer, en lui disant :

– Ce coquillage représente ma responsabilité à moi qui est de bien dormir pour que le matin je puisse m'occuper de toi, préparer le petit déjeuner, discuter avec mon mari, aller au travail, passer une bonne journée et te retrouver avec plaisir le soir. Ce coquillage, je vais le garder dans ma chambre, il dormira toute la nuit près de moi.

Troisièmement, elle présenta au petit koala un autre coquillage un peu plus gros, qui représenterait sa responsabilité à lui de dormir tout seul, de boire les biberons – dans le bon ordre – s'il avait soif et de passer ainsi une bonne nuit.

Au début le petit koala fit semblant de ne pas comprendre et dévia la conversation :

– Pourquoi ton coquillage est plus petit que le mien ?

– Parce que ta responsabilité à toi pèse plus lourd que la mienne. C'est une responsabilité importante de s'occuper tout seul de son sommeil, de sa soif et des rêves que l'on peut faire dans son lit.

– Mais je veux dormir avec toi ! répéta le petit koala.

– Je sais que tu veux dormir avec moi, répondit la mère, mais ça, ce n'est pas ta responsabilité, ma responsabilité à moi c'est de m'occuper de mon sommeil et la tienne c'est de prendre soin du tien.

– Oui mais moi j'ai soif dans la nuit.

– Eh bien, ma responsabilité à moi c'est de te préparer trois biberons, ta responsabilité à toi c'est de les boire et puis de dormir.

– Oui mais moi je veux que tu me les donnes, toi, et que je puisse dormir avec toi !

– Ça, ce n'est pas ta responsabilité, je ne prends pas ton coquillage qui représente ta responsabilité et je ne te donne pas le mien qui représente la mienne.

Le petit koala était un enfant très sensible et aussi très intelligent. Il savait qu'il avait aussi une maman très sensible qui ne voulait rien brusquer, qui pensait toujours que son petit comprendrait, qu'il accepterait de dormir seul, qu'il arrêterait de venir la réveiller et surtout qu'il accepterait qu'elle puisse dormir seule avec son nouveau mari.

Mais le petit koala ne lui avait jamais dit que tout au fond de lui, il avait très peur. Horriblement peur en se réveillant, un matin, tout seul dans sa chambre, de découvrir que sa maman était partie, comme était parti son père. Il avait peur de ne plus la revoir.

Alors sa maman décida de faire une quatrième démarche. Elle prit un de ses tee-shirts, le porta durant trois jours pour donner au tissu son odeur et le quatrième jour elle le confia à son petit koala en lui disant :

– Je te le prête pour que tu dormes avec, comme ça je serai un peu avec toi, mais je te demande une chose très importante, c'est de me le ramener demain matin quand il fera jour. Il faut qu'il fasse jour pour que je puisse reconnaître que c'est bien mon tee-shirt et pas celui d'une autre mère et que c'est bien toi, mon enfant, qui me le rends !

Je crois savoir que le petit koala aujourd'hui dort tout seul, sans aucune inquiétude, sans avoir besoin de réveiller sa mère et même sans biberon ! Ce petit koala a ainsi appris à grandir de l'intérieur. Grandir de l'intérieur est un enjeu essentiel dans la vie d'un enfant koala !

Le conte du petit loup qui se sentait toujours en colère

Il était une fois, dans une famille de loups, un louveteau qui se sentait fréquemment habité par des colères terribles. Quand je dis « habité », je veux dire que lorsqu'une colère se déclenchait en lui, tout son corps se mettait à vibrer, comme secoué par des décharges électriques, prêt à exploser. La meilleure image qui me vient à l'esprit est celle d'une marmite pleine, posée sur un grand feu et dont l'eau en train de bouillir soulève le couvercle et menace de déborder à chaque instant !

Vous allez certainement me demander comment ces colères survenaient dans le corps de ce louveteau.

Qu'est-ce qui pouvait bien les déclencher ou les réveiller ? Nous allons essayer de comprendre ensemble ce qui se passait, tout à l'intérieur de Charles, le petit louveteau.

Inutile d'ajouter que ces colères inquiétaient beaucoup ses parents, ses enseignants aussi – oui, j'ai oublié de vous dire qu'il allait à l'école et que là aussi ses colères étaient connues de tout le monde ! Progressivement ses meilleurs amis s'éloignaient de lui. Même sa meilleure copine qui l'aimait beaucoup avait un peu peur de lui quand elle le voyait en colère, serrant les poings, les yeux furieux, la mâchoire serrée, tout le corps en avant prêt à foncer sur celui ou celle qui poserait la patte sur lui !

Ce qui était difficile pour ses parents ou son entourage, c'est qu'ils ne voyaient pas toujours l'élément déclencheur – vous savez, ce petit événement, un geste, une parole, un simple regard qui, tel un détonateur, mettait le feu aux poudres de la colère tout à l'intérieur du petit loup.

Au début ses parents pensaient qu'il était, comme on dit, un « paquet de nerfs », qu'il était « susceptible », qu'il n'était « jamais content », bref, ils déposaient sur lui des appréciations pas toujours agréables.

Ils avaient bien repéré quelques signaux qui mettaient en rogne le petit loup. Ainsi, lorsque sa maman s'occupait de son petit frère ou de sa sœur, lorsqu'on lui faisait une remarque sur son comportement, lorsqu'on ne répondait pas tout de suite à ses questions ou qu'on lui refusait quelque chose, hop, crac, boum, la colère montait et le faisait exploser ! De même, quand il n'arrivait pas à faire quelque chose tout seul, comme monter sur une chaise et essayer d'attraper un livre dans la bibliothèque de son père, retirer ses chaussures comme un grand ou enfiler un pull-over sans avoir besoin d'aide, dans ces moments-là d'un seul coup sa colère emplissait toute la maison !

Ce que ses parents ne savaient pas, c'est que ce petit loup avait plein de questions et surtout de doutes en lui. Il savait bien qu'il avait un frère et une sœur, mais il n'était pas sûr que ses parents soient ses vrais parents. Ce genre d'incertitude peut paraître bien curieuse et vous devez vous demander comment ces doutes s'étaient introduits dans sa tête. D'une façon très simple. Il avait entendu son père dire en riant au cours d'un repas avec des amis :

– Oh, celui-là, on se demande bien de qui il peut être, avec son poil tout doré ! On est tous bruns dans la famille !

Et depuis ce jour, le petit loup se demandait si son papa était son vrai papa et sa maman sa vraie maman.

Vous devez bien sentir que lorsqu'un enfant loup doute de la place qu'il occupe dans sa famille, il en est très malheureux. D'autant plus malheureux qu'il n'a personne à qui en parler, pour être rassuré, pour vérifier si ce qu'il pense est vrai ou faux. Être malheureux, cela veut dire qu'on a mal à l'intérieur, très mal parfois. Vous savez, quand on a mal à l'extérieur, quand on se casse la patte ou qu'on a une griffe arrachée, quand on s'égratigne avec une branche ou contre un rocher, les blessures se voient tout de suite, on n'a même pas besoin de le dire, on s'intéresse à nous. Mais quand on a mal à l'intérieur, personne ne le voit. Et puis on a peur des moqueries, peur de ne pas être compris ou encore d'être accusé d'avoir des pensées folles, malsaines…

Alors, je crois que vous l'avez deviné, tout ce malaise, ce mal-être à l'intérieur du petit loup se traduisait par des tensions, de l'angoisse qui s'exprimaient par des colères.

La difficulté des parents dans cette situation, c'est qu'ils ne voient que ce qui les gêne, c'est-à-dire la colère. Ils n'entendent pas que la colère est une sorte de langage pour tenter de dire ce qu'on ne sait pas ou qu'on ne peut pas dire avec des mots dans la langue des loups.

Je crois que si ce petit loup pouvait parler de ce qu'il ressent avec sa copine par exemple, celle-ci l'aiderait certainement à mieux comprendre ce qui se passe en lui. Mais osera-t-il ?

Les petits loups, comme les grands loups d'ailleurs, n'aiment pas paraître faibles ou démunis devant des louves, petites ou grandes. Ils se disent : « Quand j'ai un problème, je dois le résoudre seul, sans l'aide de personne ! » Alors vous comprenez maintenant que les difficultés de communication entre les hommes et les femmes, je veux dire entre les loups et les louves, commencent très tôt !

Le conte du petit ongle qui avait très peur d'être dévoré vivant

Il était une fois un petit ongle qui vivait sans arrêt dans la peur d'être avalé, d'être dévoré tout vivant et de terminer ainsi sa vie d'ongle dans l'estomac d'un enfant vorace.

Il faut que je vous dise que ce petit ongle tout rose appartenait à un doigt de la main droite d'un petit garçon. Exactement au milieu de sa main, je crois qu'on appelle ce doigt le « majeur », car c'est le plus long de la main.

Et ce petit garçon n'arrêtait pas de ronger, de mâchouiller, de mangeoter son ongle, de le grignoter par petits bouts, dès qu'il se réveillait le matin jusqu'au coucher. Quand il sentait qu'il ne pouvait plus mordre dans son ongle et qu'il arrivait à la peau de son doigt, il cherchait avec ses dents s'il pouvait encore grappiller ou, comme disent les Belges, « grusiner » encore un peu. Il faisait avec sa bouche des contorsions qui ressemblaient à des grimaces, tournait et retournait son doigt sous toutes les coutures, pour essayer de ronger encore un peu, un tout petit peu, un ultime bout de son ongle. Un ongle qui, comme vous pouvez le penser, diminuait, diminuait, se recroquevillait sur lui-même, tentait à sa façon d'échapper aux dents très aiguisées du petit garçon.

Dans aucune autre occupation ni aucun jeu ce garçon ne faisait preuve d'autant d'application, de volonté et de ténacité. Il était devenu d'une habileté redoutable pour trouver à tout instant du jour un tout petit morceau d'ongle à grignoter ! Vous devez avoir compris que cet ongle était tout abîmé, tout marqué jusqu'au milieu par les dents du petit garçon et qu'il était surtout très inquiet. Un ongle inquiet, c'est terrible ! Il faisait des cauchemars, ne dormait plus, craignant de disparaître à jamais.

Bien sûr, les parents du petit garçon intervenaient très souvent. Ils tentaient de lui dire d'arrêter de se faire du mal en rongeant son ongle, qu'il abîmait ses mains. Que s'il avait faim, on pourrait lui donner plus à manger. Que s'il avait besoin de mettre à l'épreuve ses dents, on allait lui donner un morceau de cuir très dur qu'il pourrait mordre à sa convenance à tout moment de la journée.

Rien n'y faisait et le petit garçon, avec beaucoup, beaucoup de constance, continuait à dévorer son ongle comme s'il voulait qu'il n'existe plus, comme s'il désirait avoir un doigt sans ongle !

Ce jusqu'au-boutisme de l'enfant déclenchait beaucoup d'inquiétude chez ses parents qui, à un moment donné, avaient même pensé à lui attacher la main derrière le dos pour qu'il ne touche plus à son ongle.

Le petit ongle, quant à lui, était terrifié. Il aurait voulu se cacher, disparaître pour échapper aux dents insatiables du petit garçon, ou alors appartenir à un autre enfant qui ne l'aurait pas mordu tous les jours !

Cet ongle aurait bien voulu parler au petit garçon, lui dire combien il désirait se sentir bien, être en confiance avec lui, ne pas craindre à tout bout de champ de se faire encore mordre, croquer, mâchonner et risquer de mourir sans avoir réussi à pousser, à vivre sa vie d'ongle, comme chaque ongle a le droit de la vivre !

Un jour son papa eut une idée. Il proposa à son fils de peindre cet ongle en rouge pour qu'il se rappelle de ne pas le ronger. Il lui dit même :

– On va faire comme si tu m'avais donné cet ongle et considérer à partir d'aujourd'hui qu'il est à moi ! Et si tu peux t'engager à ne plus ronger « mon » ongle, ce sera le plus beau des cadeaux que j'aurai reçus de toi.

Et savez-vous – je suis sûr que vous n'allez pas me croire –, savez-vous qu'à partir de ce jour, ce petit garçon ne rongea plus son ongle !

Un soir dans son petit lit, quand son papa vint pour l'embrasser, il sortit triomphalement sa main de sous les draps et montra à son papa un doigt pas du tout abîmé, bien droit, avec un ongle entier, tout brillant, sur lequel il restait encore un tout petit peu de peinture rouge :

– Regarde, papa, comme « ton » ongle est devenu beau !

Je n'ai même pas besoin de vous dire combien le petit ongle était heureux et même très fier. Il était content non seulement d'être en vie, en bonne santé, mais aussi d'être au bout du doigt du petit garçon qui pouvait le montrer à tout le monde sans aucune gêne ni honte, et surtout l'offrir à son papa comme le plus beau des cadeaux !

Le conte du petit blaireau grognon-grognon

Il était une fois un petit blaireau grognon qui disait toujours non, non et non ! Il semblait même y prendre beaucoup de plaisir et vous pouvez comprendre qu'il n'était pas prêt à se priver de s'opposer en prenant le risque de dire oui. Chacun le sait, tous les enfants blaireaux ont un plaisir fou à dire non à leurs parents !

Mais tous ces non désespéraient les parents, et surtout la maman blaireau. Car au pays des blaireaux, c'est bien connu, même si les mamans acceptent beaucoup de choses de la part de leurs petits, même si elles sont d'une patience à toute épreuve, même si elles comprennent tout et qu'elles font preuve d'une compréhension sans faille, même si elles sont capables d'une acceptation infinie quoi que fassent leurs enfants, eh bien il arrive un moment où ces non à répétition les fatiguent, les épuisent même. Elles n'en peuvent plus, elles sont saturées par tous ces refus, elles qui ont tant et tant donné à leurs enfants.

Et vous savez certainement qu'il y a aussi une mère dans chaque maman. Comment, vous ne savez pas ? C'est très simple pourtant.

Fermez les yeux et imaginez une femme blaireau qui vient d'accoucher d'un bébé. Elle est partagée, comme divisée à l'intérieur, en deux parties : une partie maman et une partie mère. Quand le bébé sort de son ventre, qu'il « vient au monde » comme on dit, c'est la partie maman qui prend toute la place en elle et la partie mère qui se replie, qui devient toute petite. Mais la partie mère se réveillera en elle un peu plus tard, quand le bébé deviendra un petit enfant.

Vous allez bien sûr me demander quelle est la différence entre « maman » et « mère ». J'étais sûr que vous alliez me poser cette question, car chez les humains personne n'apprend aux enfants – et aux ex-enfants – cette différence ! Je m'étais préparé à vous répondre.

Une maman, c'est une mère qui accepte tout de son tout-petit. Elle le nourrit, le soigne, l'habille, le lave, l'essuie, ramasse dix fois ses jouets quand il les jette à terre, ne se fâche jamais, lui sourit sans arrêt, le câline quand il pleure, le fait rire quand il a envie de rire, lui fait plein de bisous légers sur le ventre, sur les fesses, sur la tête, sur les mains. Bref, une maman, c'est ce que peut rêver de mieux un tout petit enfant qui sort du ventre, c'est tout le meilleur qui puisse arriver à un jeune enfant : une présence douce, qui le prend en charge à cent pour cent pour de longues années, qui lui donnera une sécurité intérieure, qui l'accompagnera durant toute son existence.

La mère, c'est la partie de la maman qui sait dire non, qui refuse, qui interdit, qui commande ou même exige parfois. Une mère dit ce qu'il faut faire ou ne pas faire. Par exemple : « Je te demande d'arrêter de te disputer avec ta sœur, de ne pas jeter ses jouets par la fenêtre, de te laver les dents, d'aller au lit, de te lever, de faire ta toilette, de ranger ton cartable, de ne pas écrire sur les murs... » Une mère, au pays des blaireaux, c'est une sorte de maman moins compréhensive, moins tolérante, un peu plus sévère parfois, qui sait dire : « Bon, ça suffit, c'est la dernière fois que je te demande d'aller au lit, sinon ça va barder ! » La menace « Ça va barder » annonce généralement qu'une mère est capable de se fâcher tout rouge et de mettre elle-même son enfant au lit, sans même l'embrasser, tellement elle est en colère !

Donc, vous l'avez compris, quand un enfant blaireau est encore un bébé, les parents acceptent beaucoup de choses de sa part. Ce qui fait que durant presque trois ans, c'est la partie maman et papa qu'un enfant blaireau rencontre, la partie mère et père est encore endormie chez ses parents. Pourquoi ? Parce qu'on ne peut pas demander à un bébé de s'essuyer la bouche, de ne pas faire pipi au lit, de ne pas crier quand il a envie de crier... Cela veut dire qu'un bébé blaireau peut tout faire ou presque. Il peut recracher sa nourriture, faire ses besoins dans ses couches, faire pipi quand il veut et où il veut, pleurer ou crier sans raison apparente.

Le petit blaireau grognon qui depuis quelques semaines disait toujours non venait, lui, juste d'avoir trois ans. C'est un âge difficile pour un petit blaireau qui découvre que sa maman peut se transformer en mère. Une mère qui n'obéit plus à ses cris, à ses trépignements, qui ne répond pas toujours à ses demandes, qui ne comble pas tous ses désirs, bref, comme je l'ai déjà dit, une maman devenue mère qui dit de plus en plus souvent non : « Non, je ne suis pas disponible, je m'occupe de ton frère. Non, je ne peux venir vers toi, je suis occupée à la lessive. Non, je n'accepte pas que tu tapes sur ta sœur… »

Le petit blaireau ne supportait pas tous ces non qui pleuvaient d'un seul coup dans sa vie. Comme il aimait beaucoup sa maman, il faisait comme elle, il répétait ce qu'elle disait : « Non, non et non ! », il disait non à tout, refusait tout.

En fait il voulait que sa mère redevienne la maman qu'il avait connue jusque-là, celle qui répondait à toutes ses attentes.

Vous imaginez ce qu'était la vie de cette famille blaireau. C'est pénible pour tous les parents blaireaux d'entendre leur enfant dire toujours non : « Non, je ne veux pas aller au lit. Non, je ne veux pas venir. Non, je ne veux pas qu'on me lave la figure. Non, je ne veux pas prêter mes jouets. Non, je ne veux pas mettre ces habits. Non, je ne veux pas dire merci. Non, je ne veux pas être gentil… » En fait, vous l'avez certainement saisi, le petit blaireau n'avait pas encore compris qu'à certains moments sa maman pouvait répondre à ses demandes et qu'à d'autres elle devait se transformer en mère. Lui voulait que sa mère redevienne une maman à temps plein. Donc il disait non à la mère avec l'espoir obstiné qu'elle se comporte à nouveau comme une maman entièrement au service de ses désirs.

Parfois ce comportement consistant à dire toujours non, à s'opposer, à ne jamais faire ce que demandent les parents dure longtemps. Il arrive même que cette opposition persiste toute la vie. Ainsi on trouve des blaireaux adultes qui disent toujours non aux autres, qui prétendent avoir toujours raison, qui veulent sans arrêt qu'on ait le même point de vue qu'eux et surtout qu'on ne les contredise sous aucun prétexte. Vous devinez facilement que ces blaireaux-là deviennent rapidement invivables et qu'il est difficile de partager une relation de couple ou même de travail avec eux !

Au temps de ce conte, ce n'était pas le cas de notre petit blaireau grognon qui était encore un enfant. Sa maman-mère, aidée par le papa-père (vous me suivez ?), lui disait :

– J'entends bien que c'est important pour toi de dire non, de t'opposer à tout ce que je te dis, à mes demandes ou à mes ordres, mais ton refus ne change rien à ma position, il ne modifie pas ma demande. Je te demande d'arrêter de crier. Si tu ne veux pas le faire, je vais te ramener dans ta chambre ! Je te demande de te laver les pattes, si tu n'es pas d'accord, j'ai le choix entre te laisser avec les pattes sales ou te laver moi-même les pattes…

C'est ainsi que les enfants blaireaux apprennent progressivement que les parents peuvent parfois répondre à leurs demandes et d'autres fois les refuser sans que ces refus changent rien à l'amour qu'ils peuvent éprouver pour eux. Au pays des blaireaux, les enfants apprennent vite à ne pas mélanger les sentiments que leurs parents ont envers eux et la relation que ceux-ci leur proposent. Une relation qui parfois peut être pour l'un ou l'autre des parents très gratifiante et d'autres fois un peu plus ingrate, un peu plus frustrante, sans que cela influe sur l'amour qu'ils ont pour leur enfant.

Le conte du petit poney qui perdait sa crinière

C'est une histoire un peu triste. Enfin, triste… peut-être pas tellement ! Car il y a toujours une issue, une compréhension possible aux malheurs qui nous arrivent.

La tristesse est comme un tunnel. Quand on entre et qu'on avance dans un tunnel, le noir s'épaissit, on tâtonne maladroitement, en trébuchant, en cherchant ses repères avec les mains. On ne voit rien et même si on sait qu'au bout du tunnel il y a la sortie, avec certainement la lumière du jour qui nous attend, on doute, on redoute l'inconnu, on a peur de ce que l'on peut rencontrer dans le noir, on est inquiet de ce qui peut surgir de l'obscurité. Et on imagine que tout peut arriver dans ce noir qui nous enveloppe. À certains moments, on peut même craindre de rester des jours entiers coincé dans le tunnel, sans pouvoir sortir. Et puis nos yeux s'habituent progressivement à l'obscurité, ils distinguent quelques formes. On continue à avancer, on finit par apercevoir une petite lueur qui s'agrandit, s'agrandit. Puis vient un moment où l'on constate que l'on est sorti du tunnel, on découvre tout surpris un autre paysage, un autre climat ou d'autres personnes que nous allons pouvoir rencontrer.

Vous savez certainement combien la crinière est importante chez les poneys. Plus elle est abondante, fournie, souple et brillante, plus elle devient comme un étendard qui flotte, scintille dans le vent quand le poney galope. Victor, le petit poney dont je veux vous parler, vivait dans une grande famille composée de son père, sa mère, sa sœur, son oncle, sa tante, deux grands-mères, deux grands-pères, et plein de cousins. Bref, il y avait beaucoup de monde dans cette famille de poneys qui aimaient vivre ensemble.

Victor était très fier de sa crinière qui était d'un blond roux très flamboyant. On reconnaissait Victor de loin et il faut mentionner que sa tante, la sœur de son père, aimait beaucoup inviter son neveu. Elle avait un immense plaisir à se rendre en ville ou ailleurs avec lui. Un matin donc, sa tante, que Victor adorait, lui téléphona pour lui annoncer qu'elle viendrait le chercher dans l'après-midi, à la sortie de l'école des poneys, pour l'emmener promener. Elle connaissait une petite rivière au bord de laquelle il y avait des pommiers, et comme Victor adorait croquer des pommes, il se réjouissait de cette promenade à venir. Il y pensa toute la journée, il en avait même rêvé toute la nuit précédente. À l'heure dite, il attendait sa tante ainsi que sa cousine qui devait les accompagner pour cette balade passionnante.

La scène qui va suivre est un peu difficile à décrire. C'est un peu comme l'entrée du tunnel dont je vous ai parlé.

Victor, qui était sorti le premier de l'école, attendait au bord du trottoir. Sa cousine, de l'autre côté du trottoir, quand elle l'aperçut, se mit à courir, à galoper devrais-je dire, elle s'élança pour le rejoindre, mais une voiture surgit au même moment, la heurta violemment et l'envoya plusieurs mètres plus loin les quatre pattes en l'air, le crâne ouvert, sans connaissance. Victor resta debout, sidéré, ne pouvant ni avancer ni reculer, la mâchoire serrée, les yeux brouillés de pleurs, le ventre soudain très douloureux, avec une envie de vomir irrépressible. La suite, vous devez la deviner : sa cousine mourut avant même d'arriver à l'hôpital.

À partir de ce jour, Victor devint très silencieux et morose et, dès le lendemain, il commença à perdre les crins de sa crinière. Quand il se peignait le matin, les crins tombaient par paquets. De grandes plaques apparaissaient sur son crâne, on voyait le rose de sa peau et cette chute de crins dura, dura plusieurs semaines. Jusqu'au moment où ses parents s'aperçurent que c'était Victor lui-même qui s'arrachait la crinière, par grosses mèches, dans la nuit. Il pleurait de désespoir en tirant sur sa crinière, car il revoyait en boucle – et cela lui était insupportable – la scène où sa cousine se faisait écraser par la grosse voiture. Vous imaginez sa détresse et sa douleur ! Ses parents eurent beau lui attacher les pattes, lui bander la tête et même lui confectionner un énorme bonnet de nuit en tissu très solide pour l'empêcher de s'arracher les poils, toutes ces mesures de précaution furent inutiles, car Victor, avec une volonté farouche, arrivait quand même à tirer, tirer et dévaster ainsi toute sa crinière.

Il est difficile de savoir ce qui se passe dans la tête d'un petit poney qui vient de voir mourir sa cousine, sous ses yeux. Qui imagine peut-être que tout ce qui est arrivé, c'est à cause de lui, que si sa tante n'était pas venue le chercher à la sortie de l'école, cet accident ne serait pas survenu, que s'il n'avait pas tellement aimé les pommes, cette promenade n'aurait pas été prévue, que sa cousine serait donc encore vivante, que sa tante ne serait pas triste, pleurant tous les jours la mort de son enfant, et beaucoup d'autres choses encore avec tout plein de si, si, si. Tout plein de si qui tournaient, tourbillonnaient dans la tête de Victor, dans un cercle vicieux sans fin…

Vous commencez à comprendre le lien qu'il y avait entre la mort de sa cousine et la perte de sa crinière : tout se passait comme si Victor avait pris sur lui une responsabilité qui n'était pas la sienne et avec laquelle il se faisait terriblement souffrir.

Dans la grande famille de Victor, chacun s'interrogeait, ne comprenait pas comment ni pourquoi il perdait sa crinière. Personne ne savait que le petit poney se punissait ainsi d'être responsable – du moins le croyait-il – de la mort de sa cousine.

Pour le moment, Victor est dans le tunnel, il ne voit pas la sortie, il est enfermé dans son sentiment de culpabilité et avance dans le noir. Pour le moment.

Il avance, même s'il ne le sait pas encore, vers la lumière.

Le conte du petit raton laveur qui posait toujours la même question

Il faut que je vous dise pour commencer que dans cette famille de ratons laveurs, c'est le papa qui s'occupait de Christophe, son enfant. Il vous faut savoir aussi que sa maman était partie. Elle avait préféré vivre dans un autre pays et laisser Christophe à son père. Cela arrive parfois au pays des ratons laveurs. C'est ainsi que l'enfant était élevé depuis quelques mois par son père et d'ailleurs ils avaient beaucoup de plaisir l'un et l'autre à vivre ensemble.

Pourquoi sa maman était-elle partie ? allez-vous me demander. Il se trouve que chez les ratons laveurs, certains couples se brisent quand l'un des deux ne veut plus vivre avec l'autre, quand le mâle ou la femelle découvre qu'il ou elle n'aime plus sa femme ou son mari, ou encore qu'ils ne supportent plus de se disputer sans arrêt tellement leurs sensibilités, leurs points de vue sont non seulement différents mais sont devenus incompatibles.

Parce qu'ils n'étaient pas d'accord sur beaucoup de choses, les parents du petit raton laveur avaient décidé d'un commun accord de rompre le lien conjugal, ce lien qu'ils s'étaient engagés à respecter en se mariant et qu'ils croyaient indestructible, mais qui s'était révélé au cours des années de plus en plus fragile, au point de s'effilocher, de craquer et, pour finir, de se rompre.

Bien sûr, il faut comprendre que la rupture du lien conjugal ne veut pas dire que le lien parental est rompu lui aussi. Les parents divorcés restent les parents de leurs enfants, enfin dans la plupart des cas ! Car il peut arriver aussi que l'un des parents ne supporte pas que l'autre le quitte, alors il entre en guerre contre son ex-femme ou son ex-mari. Et savez-vous quel sera leur champ de bataille ? Les enfants ! Certains parents, tout divorcés qu'ils soient, vont continuer à se disputer, à entretenir leurs conflits à travers leurs enfants qui se trouvent pris en otages, l'enjeu de leurs désaccords persistants. Par exemple, l'un des parents va refuser de payer la pension alimentaire, un autre va exiger une augmentation de ladite pension, un autre encore va modifier sans prévenir les dates des vacances, ou bien ils vont se disputer pour les notes scolaires, continuer à ne pas être d'accord sur l'habillement, les horaires ou les activités de loisirs de l'enfant.

Chez certains ratons laveurs qui n'ont pas supporté leur divorce, les prétextes pour entretenir la haine et les reproches ou accuser leur ex-conjoint sont innombrables et défient parfois l'imagination. Et bien sûr vous pouvez imaginer combien les enfants ratons laveurs souffrent de ces disputes. Quelquefois même, l'un des parents demande à l'enfant de prendre parti pour lui contre l'autre ! Il voudrait faire de l'enfant son allié contre son ex-conjoint. Dans ce type de situation, tout enfant raton laveur est en conflit dans ses sentiments. Alors vous pouvez mieux comprendre que ces petits ratons laveurs sont souvent déchirés et en souffrance tout à l'intérieur. Ce qui se traduit par des difficultés à l'école, des moments d'agressivité, des refus et des blocages relationnels, comme s'ils en voulaient au monde entier.

Dans l'histoire que je vous raconte, il n'y avait pas de dispute entre la mère et le père, on peut dire qu'ils s'entendaient bien pour tout ce qui concernait l'enfant. On peut même préciser qu'ils s'entendaient mieux que lorsqu'ils étaient ensemble ! Cela peut paraître curieux mais c'est ainsi pour certains couples divorcés. Étant séparés, ne partageant pas le même quotidien, ils trouvent entre eux la bonne distance qui leur permet d'être plus à l'écoute l'un de l'autre, plus ouverts et moins réactionnels.

C'est le papa qui avait insisté pour garder Christophe, son petit garçon, et la maman avait accepté. Cette décision prise en commun explique donc que c'était le papa qui s'occupait de son enfant pour tout : les repas, la toilette, les devoirs, la lessive, le ménage dans la maison, les courses, enfin tout ce dont s'occupe traditionnellement une maman au pays des ratons laveurs.

Vous l'avez deviné, son papa était très proche de son fils et réciproquement le petit raton laveur se sentait tout proche de son papa !

Mais depuis qu'ils vivaient tous les deux, chaque fois que son père lui demandait quelque chose, Christophe lui répondait :

– C'est qui qui dit ça ?

Quand son papa lui disait : « Il faut te coucher maintenant, il est tard, demain tu vas à école... », « Tu devrais manger ta soupe en faisant attention à ne pas en mettre à côté de l'assiette... », « Tu devrais te laver les dents avant d'aller au lit... », « Il est temps de faire ta toilette, tu vas me mettre en retard... », « Tu dois te peigner et mettre ton manteau... », chaque fois le petit raton laveur lui demandait :

– Qui c'est qui dit que je dois me coucher, que je dois manger ma soupe, que je dois faire ma toilette, que je dois mettre mon manteau ?

Et là, tout de suite, le père se lançait dans des explications à n'en plus finir, sur le fait que les enfants devaient se coucher tôt pour pouvoir être en forme le lendemain à l'école, qu'ils devaient manger leur soupe pour grandir et devenir aussi forts que papa, qu'ils devaient se laver, prendre soin de leur corps, obéir à leur papa sans discuter, etc.

Ce papa avait toujours une réponse bien construite, tout à fait claire, pour tenter de faire mieux comprendre à son enfant le bien-fondé de ses demandes. Et cependant, malgré toutes les belles démonstrations du père, l'enfant persistait et demandait chaque fois :

– C'est qui qui dit ça ?

Cette question qui revenait sans arrêt finit à la longue par irriter ce père, pourtant patient de nature. Il se mit souvent en colère et chercha à expliquer encore davantage pourquoi on devait se coucher tôt, manger sa soupe, se laver les dents, se peigner…

Les questions de Christophe devenaient insupportables. Mais un matin de printemps, le père entendit enfin la vraie interrogation qu'il y avait derrière ces « Qui c'est qui dit ça ? ». Et ce jour-là le père répondit :

– C'est moi, c'est moi, ton père, qui dis ça !

Un grand sourire éclaira alors le visage du petit raton laveur, un soupir de soulagement souleva sa poitrine, une grande paix descendit dans son corps.

Et depuis ce jour-là, le petit raton laveur ne posa plus la question à son papa, il avait enfin la réponse. Mais il avait surtout un interlocuteur, quelqu'un devant lui qui se signifiait, qui se situait, qui existait enfin par sa parole au lieu de s'abriter derrière des tas d'explications.

Comment vous faire mieux comprendre qu'au pays des ratons laveurs, il est important que la mère ou le père – ou les deux – exprime une parole qui soit vraiment la sienne. Que la mère ou le père se montre, témoigne ainsi devant l'enfant, avec une affirmation personnelle : « Oui, c'est bien moi qui te demande d'aller au lit, c'est bien moi qui te demande de t'habiller, de te laver les dents, de manger ta soupe. Oui, c'est bien moi, ton père, c'est bien moi, ta mère, qui ai ces exigences ! »

Les enfants ratons laveurs ont besoin pour se préparer à affronter la vie qui les attend d'une parole vraie de la part de leur père ou de leur mère. Ils veulent avoir devant eux quelqu'un qui se situe, qui se positionne, qui s'affirme. De façon à ce que, en tant qu'enfants et surtout adolescents ratons laveurs, ils puissent eux aussi s'affirmer, se positionner, peut-être en s'opposant ou en acceptant, mais ce faisant en construisant, en mettant à l'épreuve, en structurant, en confrontant leur propre parole à celle d'une personne importante, significative pour eux.

Le conte du petit violoncelle amoureux

Il était une fois une petite fille – que je vais appeler Mélanie pour ne pas la mettre mal à l'aise – qui voulait apprendre à jouer du violoncelle. Sa grand-mère, passionnée de musique et surtout fascinée par cet instrument, l'encouragea de tout son cœur.

C'est ainsi que Mélanie et sa grand-mère cherchèrent longtemps un violoncelle d'apprentissage, qui doit être comme vous le savez plus petit qu'un violoncelle normal. Cela afin de permettre à la petite fille de pouvoir placer correctement ses doigts – les doigts de la main gauche –, de sentir le violoncelle tout contre elle – pour l'accueillir avec tendresse –, tout près de la poitrine – pour l'écouter respirer, car un violoncelle respire, le saviez-vous ? – et tenir l'archet en gardant le poignet droit très souple.

Mélanie fit des progrès très rapides, il faut dire que son violoncelle l'aimait beaucoup. Il s'efforçait de lui faire plaisir en lui offrant le meilleur de lui-même : une belle résonance des notes, une grande confiance accordée en se laissant emporter loin dans les aigus et profond dans les basses.

Pour le dire en quelques mots, ce violoncelle avait décidé de mettre le meilleur de lui-même, toute l'intimité de ses vibrations au service de Mélanie, afin que chaque note, produite par la rencontre des doigts de la main gauche sur les cordes et le glissement de l'archet, puisse sortir limpide, lumineuse, unique, de la caisse de résonance constituée par son corps.

Avez-vous remarqué que les violoncelles ont un corps plein, harmonieux, bien équilibré, avec une taille élégante, fine, l'ensemble reposant sur une seule jambe – une pique – qui doit être solidement appuyée sur le sol ?

Au bout de quelques semaines, il se produisit un événement extraordinaire. Le violoncelle tomba amoureux de Mélanie. C'est très rare, mais il arrive tout de même – la preuve ! – qu'un jeune violoncelle ait un coup de foudre pour l'élève qui a su l'apprivoiser et surtout l'aimer.

Toujours est-il que depuis quelque temps, quand Mélanie sortait le violoncelle de la housse dans laquelle il était rangé, le posait doucement contre elle, et avec un mouchoir de fine batiste l'essuyait, effaçait la moindre trace de doigts, l'astiquait avec soin avant de déposer un baiser léger tout en haut du manche, sur la partie sculptée qu'on appelle la « tête », il sentait son cœur de violoncelle battre très fort. Au bout de quelques jours, il réalisa qu'il était vraiment amoureux de cette petite fille qui lui permettait de vibrer en donnant le meilleur de lui-même à travers les notes, les mélodies, les cantates et même les sonates qu'il jouait.

Ce violoncelle aurait voulu lui dire tout l'amour et aussi la tristesse qu'il sentait en lui. Car il savait que Mélanie grandirait, deviendrait une jeune fille, puis une jeune femme qui aurait besoin d'un violoncelle plus grand, un violoncelle normal, et que lui, on le laisserait sans doute dans un placard, ou on le revendrait à un petit garçon ou une petite fille qui voudrait à son tour apprendre à jouer de cet instrument.

Une après-midi après son cours, pendant que Mélanie répétait une étude d'un compositeur finlandais du nom de Jean Sibelius, elle entendit, provenant du ventre même du violoncelle, une note qu'elle n'avait pas jouée, puis une seconde note plus joyeuse. Quelle ne fut pas sa surprise ! Elle s'en étonna d'autant plus que l'étude de Sibelius sur laquelle elle travaillait était un peu triste. Elle tendit l'oreille, prêta plus attention à sa main gauche et constata qu'aucune autre note indésirable ne sortait de son instrument.

Encore, dans les jours suivants, elle entendit à plusieurs reprises des notes qu'elle n'avait pas jouées. Des notes qui émanaient directement de l'intérieur de son instrument comme s'il tentait de lui parler. Mélanie fut très gênée et même un peu irritée. Elle s'arrêta de jouer, regarda bien en face son violoncelle, posa sa joue tout contre la caisse, tout près de ce qu'on appelle les « ouïes » – ces deux petites fentes qui sont comme deux virgules sur le dessus de l'instrument, de part et d'autre de la table sur laquelle sont tendues les quatre cordes d'un violoncelle – et elle perçut alors deux ou trois notes qui balbutiaient tout l'amour que le violoncelle éprouvait pour elle. Mélanie, encore sous le coup de la colère, ne l'entendit pas de cette oreille et le sermonna :

– Mais qu'est-ce qui te prend ? Tu n'as pas le droit de me faire ça ! Tu n'as pas le droit, tu dois te contenter de produire la note indiquée sur la partition, une note que tu dois me donner quand d'une part je pose un de mes doigts à tel ou tel endroit de la table et quand d'autre part je fais coulisser rapidement ou plus lentement l'archet sur l'une ou l'autre de tes cordes. Autrement, si tu n'obéis pas à mes doigts qui sont là pour interpréter exactement le morceau musical que je joue, ceux qui m'écoutent pourraient penser que je fais des fausses notes, que je me trompe dans la partition de Sibelius qui n'est déjà pas si facile à exécuter ! Et comme bientôt je vais entreprendre de travailler sur les *Suites* du grand Jean-Sébastien Bach, je ne peux pas me permettre de te laisser faire. Je n'ai aucun droit à l'erreur ! Est-ce que tu me comprends bien ?

– Je sais, lui chuchota le violoncelle tout penaud, je sais tout ce que tu me dis là, mais je voulais juste attirer ton attention pour t'avouer quelque chose de très délicat.

– Je peux t'écouter car je t'aime beaucoup, lui dit-elle, soudain radoucie.

– Moi, je t'aime tout court, de tout mon cœur de violoncelle, mais j'ai une grande peur en moi, c'est qu'un jour tu m'abandonnes. Je vis depuis quelque temps très déchiré, je t'aime et j'ai tellement peur que tu me laisses pour un autre violoncelle, car je vois bien que tu grandis ! Et bientôt je ne serai plus à la hauteur, je ne serai qu'un violoncelle trop petit, un violoncelle d'étude, alors que tu aspireras à un violoncelle plus grand, plus beau, plus adapté à ton talent.

Mélanie resta silencieuse et pensive un long moment, puis elle lui dit :

– Je suis très émue. Moi aussi je t'aime, tu es quelqu'un à qui je pense très souvent, tu es vraiment important pour moi ! Je ne peux rien faire pour ta peur, c'est la tienne, elle t'appartient, mais je peux te dire que lorsque je serai suffisamment grande pour avoir droit à un violoncelle à ma taille, je ne te donnerai à personne. À personne, tu m'entends ? C'est promis, juré ! Je te garderai sous mes yeux, dans ma chambre, car c'est toi qui m'as fait découvrir des sons merveilleux, qui m'as fait aimer la musique, qui m'as donné confiance. Et peut-être qu'un jour, qui sait, c'est un de mes enfants qui te tiendra dans ses bras…

Je ne connais pas la suite de cette histoire, elle appartient à Mélanie et à ce violoncelle amoureux, mais je crois savoir que Mélanie, devenue une interprète célèbre, a toujours gardé auprès d'elle le violoncelle qui lui avait déclaré son amour.

Un conte pour mieux comprendre combien il est important de ne pas confondre l'amour avec les pseudo-amours

C'était une jeune belette qui était entrée très tôt dans la vie amoureuse, tant son besoin d'être aimée était fort. Je veux dire par là qu'elle imaginait qu'en déclarant son amour à un jeune beletteau, celui-ci lui dirait en retour que lui aussi l'aimait. Comme si son amour à elle avait le pouvoir magique de déclencher l'amour de l'autre !

Elle mit longtemps à découvrir son erreur, avant d'accepter qu'elle se trompait.

Ainsi, après avoir osé dire son amour pour la première fois, elle découvrit que son partenaire aimait bien être aimé, mais qu'il ne l'aimait pas pour autant. Elle fit une deuxième, une troisième expérience et bien d'autres, car elle espérait que son amour aurait le pouvoir de déclencher celui de l'autre.

Bref, vous l'avez compris, elle avait l'illusion que si elle offrait de l'amour, elle obtiendrait de l'amour en retour ! Comme elle était très belle, elle trouvait toujours sur son chemin un jeune ou moins jeune garçon belette qui, se sentant attiré par elle, lui déclarait : « Je vous aime », mais un « Je vous aime » signifiant en fait « Je vous désire ». Et elle acceptait facilement d'entrer dans le désir de l'autre, pensant toujours qu'elle serait aimée. Chaque fois qu'elle se sentait désirée, elle pensait avec sincérité qu'un véritable amour pourrait naître entre elle et son nouveau partenaire.

Le problème, je vous l'ai dit, provenait d'un énorme malentendu. Comme elle était très belle, elle était très souvent désirée, ce qui ne voulait pas dire qu'elle était aimée : le désir et l'amour, ce n'est pas tout à fait la même chose !

Au début d'une relation, elle adressait, pour se rassurer, à l'un ou l'autre de ses soi-disant amoureux une demande qui, en réalité, ne faisait que traduire ses inquiétudes :

– Je voudrais être sûre que tu m'aimes vraiment et que tu ne me quitteras jamais.

Le prétendu amoureux aussitôt lui assurait que bien sûr il l'aimait, que son amour était pur, sincère et certainement éternel… Quelques jours après, en exprimant à nouveau sa demande, elle sentait que les réponses devenaient de plus en plus évasives. Son partenaire, qui désirait surtout faire l'amour avec elle, lui affirmait aussitôt :

– Mais bien sûr que je t'aime, comment peux-tu en douter, regarde comme je te désire ! N'est-ce pas une marque d'amour que de désirer quelqu'un ?

Cette déclaration ne la rassurait pas, elle amplifiait au contraire son inquiétude, car elle ne lui permettait pas de sentir qu'elle était réellement aimée. Il n'y avait pas entre la jeune belette et son partenaire suffisamment de bon qui circulait, de respect, de tendresse et de confiance réelle !

Aussi quittait-elle avec amertume celui qui s'était révélé comme un simple consommateur de son corps et de son amour. Un amoureux plus sincère lui aurait témoigné ses sentiments avec des mots, des poèmes peut-être, des attentions douces, une qualité de présence bienveillante et surtout des échanges et des partages qui les auraient rapprochés plus profondément qu'un contact physique.

Et pourtant, notre jeune belette ne se décourageait pas, se laissant chaque fois entraîner dans une relation qui, au bout de quelques semaines, la décevait, qui ne comblait jamais son besoin d'être aimée.

Sa recherche d'un partenaire aimant ne faisait qu'exprimer les doutes qui l'habitaient, la non-confiance en elle-même qui la tenaillait, avec cette unique et terrible série de questions : « Comment être sûre d'être aimée quand l'autre me dit qu'il m'aime ? Faut-il le croire ?

Comment vérifier la solidité de l'amour qu'il prétend éprouver pour moi ? Comment acquérir la certitude de la constance et de la sincérité de ses sentiments ? »

Parfois, elle s'arrangeait pour mettre à l'épreuve celui qui prétendait l'aimer en le maltraitant un peu pour savoir s'il était réellement solide, s'il était capable de résister aux frustrations, aux accusations, aux mises en cause de sa personne. Pour vérifier l'authenticité de ce qu'il disait éprouver pour elle, elle jouait à ne plus l'aimer, elle voulait le faire souffrir. « S'il souffre pour moi, c'est qu'il m'aime ! » pensait-elle.

Bref, elle cherchait désespérément chez l'autre une réponse à un problème qui se situait chez elle. Disons à sa décharge qu'il est très difficile pour une jeune belette très belle de savoir si elle est aimée pour ce qu'elle est ou pour ce qu'elle montre d'elle-même, pour la beauté de son corps, l'harmonie de ses formes, l'éclat de son visage, la lumière de ses yeux, la vitalité qui anime chacun de ses gestes… Oui, au pays des belettes, il est difficile pour une jeune belette de se sentir réellement aimée quand on est très belle !

Aux dernières nouvelles, cette belette est à nouveau seule. J'ai appris qu'elle avait cru trouver une solution à son problème en prenant une décision radicale : « Cette fois, on ne m'y reprendra plus, je ne veux plus aimer et encore moins être aimée, de toute façon cela se termine toujours mal pour moi, je souffre trop de ne jamais savoir si je suis réellement aimée ! »

Elle n'a pas encore compris qu'on ne peut commander à l'amour. Il est présent en nous ou non. Parfois il est en réciprocité, c'est ce que chacun espère, et dans ce cas il ne faut pas passer à côté, il convient de le vivre à temps plein au présent ! Parfois il est à sens unique, un seul aime et l'autre se laisse aimer, mais cela peut être bon d'aimer et de se sentir porté, en étant agrandi par un amour qui nous habite, même si l'autre n'a pas (encore) d'amour pour nous.

Elle n'a pas encore compris non plus que l'amour contient des risques, car nul ne sait à l'avance la durée de vie d'un amour, c'est pourquoi il importe d'en vivre intensément chaque instant. Elle ne sait pas encore, notre jeune belette, que l'amour est une offrande pour celui qui le vit et un miracle pour celui qui sait le recevoir avec... amour.

J'espère qu'un jour elle saura reconnaître l'amour quand il se présentera en elle et qu'elle saura accueillir celui de l'autre, quand cet amour viendra vers elle. Je souhaite qu'elle puisse découvrir que l'amour est très bon pour ceux qui savent l'accueillir, le recevoir, le donner aussi et surtout le vivre sans tenter de le réduire ou de l'enfermer dans un système de conditions, de réassurances, de preuves ou de certitudes.

Le conte du petit lion qui avait découvert que sa maman aimait une autre lionne

Il arrive parfois, au pays des lions, qu'un lion aime un autre lion ou qu'une lionne aime une autre lionne. Quand je dis « aimer », je veux dire aimer d'amour, le même amour qui peut exister entre un lion et une lionne amoureux.

Chez les humains, on appellerait « homosexuels » ou « lesbiennes » deux hommes ou deux femmes qui s'aiment et qui vivent en couple. Pendant longtemps, il faut le dire, dans la plupart des pays, le fait d'aimer d'amour quelqu'un du même sexe que soi n'était pas très bien vu, ce qui fait que les hommes qui aimaient des hommes comme les femmes qui aimaient des femmes devaient le plus souvent se cacher et taire leurs attirances, y compris à leurs proches. Aujourd'hui, au pays des humains, il semble que ces relations soient mieux acceptées, on parle même dans les journaux et surtout à la télé de mariage possible entre deux hommes ou deux femmes. Bien sûr, comme pour toutes les questions très importantes touchant à la vie personnelle de chacun, tout le monde n'est pas d'accord et il y a dans certains pays des hésitations et même des oppositions passionnelles sur ce sujet. Car il existe encore des hommes et des femmes qui sont choqués, qui pensent que ce genre de mariage entre deux personnes du même sexe ne devrait pas être autorisé, que cette légalisation risque de créer des problèmes pour les enfants qu'elles ont ou qu'elles pourraient adopter. Certains sont persuadés qu'un enfant a exclusivement besoin pour se développer d'avoir comme parents un homme et une femme qui s'aiment et non pas deux femmes ou deux hommes.

Il y avait exactement les mêmes problèmes au pays des lions. Les avis y étaient aussi très partagés, pour ne pas dire tranchés. On assistait dans la rue à des manifestations « pour » ou « contre », « pro- » ou « anti- », à des défilés hérissés de tas de banderoles, de dessins et de pancartes dont les slogans portaient haut et fort les idées des militants de l'un ou l'autre camp. Des rassemblements bruyants se formaient et dégénéraient même parfois en des affrontements qui duraient jusque tard dans la nuit, comme si, en se tapant dessus, les deux partis pensaient pouvoir se convaincre l'un l'autre de renoncer à leurs points de vue respectifs !

Ce qui est sûr, c'est que ceux qui étaient « pour » étaient persuadés d'avoir raison et ceux qui étaient « contre » avaient la certitude de détenir la vérité vraie !

La grande majorité des lions et des lionnes hésitait, partagée entre réticences, réserves et désintérêt pour la question, certains pensaient même qu'il y avait bien d'autres chats à fouetter de par le monde, comme le chômage, la faim, l'injustice, le terrorisme ou les guerres interminables qui faisaient chaque jour des milliers de morts et des centaines de blessés.

Ce contexte social agité contribuait au fait que le petit lion dont je voudrais vous parler vivait une situation très difficile pour lui. Il avait découvert que sa maman aimait une autre lionne. Il se sentait très gêné et mal à l'aise quand on lui demandait si son papa était encore avec sa maman ou qu'on lui posait la question de savoir qui était exactement la lionne qui venait le chercher à l'école. Certains de ses camarades faisaient même des remarques blessantes et désobligeantes sur lui, sur ses parents, et même s'il n'hésitait pas alors à sortir ses griffes ou à mordre, il avait envie de pleurer quand il entendait : « Alors ton papa c'est une lionne ? » ou : « Mais comment fais-tu pour distinguer ta maman de ton papa ? » et d'autres réflexions qui meurtrissaient profondément ce petit lion, je peux vous le dire !

Aussi avait-il une grande colère en lui, une grosse colère contre sa mère, même s'il l'aimait beaucoup. Au pays des lions, on savait ne pas confondre ses sentiments et ses ressentis. Un enfant lion savait reconnaître qu'il pouvait aimer quelqu'un très fort et en même temps le détester.

Un soir en rentrant de l'école, il commença donc par adresser des reproches à sa mère et pendant plusieurs jours il l'interrogea sur sa vie affective, il voulait même se mêler de la façon dont elle vivait. Un autre jour à table, il lui ordonna avec une certaine agressivité :

– Tu dois faire comme les autres lionnes, vivre avec un lion et pas avec une lionne, les lionnes doivent aimer les lions et pas d'autres lionnes !

Sa colère retombée, il murmura :

– Moi je suis très malheureux, tout ça c'est vraiment dégueulasse !

Sa mère se mit alors à pleurer, ne sachant que lui répondre.

Ce soir-là, tout recroquevillé dans son lit, il chuchota à l'oreille de sa maman :

– Moi j'ai besoin d'avoir une vraie mère, je veux une mère normale !

Vous qui me lisez, même si vous n'habitez pas au pays des lions, vous devez bien imaginer que sa maman fut touchée – elle se sentait aussi blessée et meurtrie d'entendre tous ces mots dans la bouche de son enfant – de constater qu'il pouvait penser qu'elle n'était pas « normale » !

Chaque soir elle avait de plus en plus de mal à s'endormir. Au petit matin elle se sentait de plus en plus désespérée, ne savait plus que faire. Devait-elle quitter son amie de cœur, qu'elle aimait très fort ? Devait-elle rester avec elle sans se cacher et affirmer ainsi aux yeux de tous qu'elle aimait une lionne ? Devait-elle continuer à la voir en se cachant, en faisant comme si elles n'étaient que des amies ? Elle se sentait déchirée. Elle voulait à la fois pouvoir se respecter – car après tout elle était une lionne adulte et sa vie affective et sexuelle n'appartenait qu'à elle – et aider son enfant, faire qu'il ne souffre plus de cette situation. Elle voulait surtout modifier l'image négative qu'il avait d'elle !

Après avoir beaucoup, beaucoup réfléchi, voici ce qu'elle décida.

Un soir après le repas, elle s'installa près de son fils et lui proposa de jouer à un jeu qu'elle avait appris quand elle était petite, quand elle était une enfant heureuse, avec un papa et une maman qui l'entouraient de beaucoup d'amour. Elle commença en disant :

– On pourrait jouer à « on va faire comme si ». On va faire comme si j'étais ton enfant et toi ma mère, et moi je vais te faire plein de reproches parce que tu aimes une lionne !

Le petit lion fut très étonné mais il accepta, car jouer avec sa maman, il aimait ça !

C'est sa mère qui prit la parole la première. Dans le rôle de son fils, elle lui dit en criant très fort :

– C'est pas normal d'aimer une autre lionne quand on est une lionne ! À l'école on me dit plein de choses sur toi et moi j'ai envie de te défendre et je ne sais pas comment m'y prendre ! Tu ne m'aides pas du tout, tu sais ! J'ai beau savoir, comme tu me l'as souvent expliqué, qu'on ne peut pas dicter ses propres sentiments, qu'on peut toujours essayer de se dire à soi-même : « Je ne dois plus aimer mon amie » sans que ça change rien, j'ai beau savoir tout ça et pourtant, moi ton fils, je voudrais que ton amour pour ton amoureuse soit moins fort, que tu te caches un peu, que tu sois plus discrète avec ta copine. Je sais même que tu dors avec elle quand je suis chez papa, mais moi je souffre de voir et de sentir que ce que tu fais avec elle n'est pas bien accepté par mes copains de l'école ! J'en ai assez de me bagarrer. On croit que je te défends, mais c'est pas vrai, je me bats parce qu'on croit que je ne suis pas normal moi non plus ! Que je pourrais devenir comme toi et qu'un jour je pourrais aimer un lion ! Et ça, c'est pas vrai. Moi j'aime une copine et je n'ose même pas t'en parler !

Le petit lion, dans le rôle de sa maman, lui répondit aussitôt :

– D'abord tu n'as pas à te comparer à moi. Je suis ta mère, c'est moi qui t'ai porté dans mon ventre, c'est moi qui t'élève à mi-temps – puisque ton père a accepté de te prendre avec lui l'autre moitié du temps. Le problème c'est que je suis mal placée pour t'aider, je suis à l'origine de ton problème et je ne peux en être la solution. Mon tout grand (oui, le petit lion dans le rôle de sa maman lui dit « mon tout grand » !), si cette situation est insupportable pour toi, peut-être que tu peux demander à ton père de te prendre chez lui à temps complet. Je ne sais pas si cette solution est bonne pour toi. Ce ne sera qu'une solution temporaire, car le problème restera tel quel, mais en grandissant encore un peu, peut-être que tu pourras l'affronter différemment.

Ainsi, en jouant le rôle de la maman, le petit lion osa-t-il dire ce qu'il n'avait jamais osé exprimer : que son véritable désir était de vivre chez son père, du moins pendant quelques années, le temps qu'il puisse grandir et mieux comprendre que les adultes ont des problèmes que leurs enfants ne peuvent résoudre pour eux !

Que le désir du petit lion puisse se réaliser ou pas, c'est encore une autre histoire, mais au moins il a été énoncé, porté plus clairement à la connaissance de sa mère et il est désormais plus nettement présent à sa propre conscience !

Et au pays des lions, on sait qu'un désir, même s'il n'est pas toujours réalisé, doit être entendu et respecté.

Il était une fois une petite hirondelle qui voulait disparaître

Peut-être vous est-il arrivé de voir voler des hirondelles et même d'en voir certaines construire des nids, à l'abri de vieilles toitures ou dans des granges. Des nids tout ronds, de couleur grise, qui semblent bâtis comme de toutes petites forteresses. Ils servent à protéger les hirondelles tourbillonnantes qui vont vivre dedans, y pondre des œufs, avant de repartir au début de l'automne avec leurs enfants vers des pays plus chauds.

Mais vous avez certainement remarqué qu'il y a de moins en moins d'hirondelles dans le ciel et encore moins de nids habités par une ou deux hirondelles. Ce constat devrait vous étonner et même vous interroger.

Il était une fois une petite hirondelle qu'on surnommait Louisette Rieuse, car dès le matin dans son nid, avant même d'ouvrir les yeux, plein de rires venaient dans son ventre et Louisette commençait à sourire à la VIE qu'elle sentait en elle, à rire du plaisir d'être simplement une enfant heureuse. Rire aux éclats de la joie de se sentir vivante et déjà prête à faire un grand saut hors du nid, pour s'envoler après quelques moucherons ou jouer avec des papillons.

Louisette Rieuse allait vivre ce jour-là une aventure qui aurait pu être très banale au pays des humains, mais qui, pour elle, se révéla être une véritable catastrophe, l'équivalent d'un tremblement de terre, quand soudain tout ce qui nous entoure n'est plus fiable et peut disparaître sans laisser aucune trace. Voici exactement ce qui se passa.

Louisette, comme vous devez le pressentir, aimait beaucoup ses parents. Ils étaient jeunes, ils étaient beaux et chacun lui avait donné le meilleur de ce qu'il était : son père, sa douceur et la finesse de ses ailes, sa mère, ses yeux couleur noisette et son habileté à voler haut, très haut dans le ciel.

Mais voilà qu'au soir de ce jour, alors qu'elle n'était encore qu'une enfant qui venait juste d'apprendre à voler, tandis que toute la famille était installée autour de la table familiale, son papa annonça qu'il allait quitter sa femme. Sa femme qui était aussi la maman de Louisette. Il dit même qu'il avait une autre hirondelle dans sa vie. Sa maman, les yeux fermés, pleurait en silence, sanglotait doucement, la tête tout contre sa poitrine pendant que son papa parlait, expliquait qu'il ne pouvait plus vivre dans le mensonge, qu'il avait besoin d'être honnête avec lui-même et avec sa femme…

Leur petite hirondelle, elle, ne comprenait pas ce qui se passait mais percevait que dans la vie de ses parents quelque chose de grave était arrivé. Elle sentait sa gorge se serrer, ses petites ailes se replier, elle avait soudain très froid. Là, à table, elle ne pouvait plus rien avaler, la nourriture soudain la dégoûtait, elle ne voulait plus nourrir son corps, elle voulait même ne plus exister pour les autres, se rendre invisible pour sa famille surtout.

À partir de ce jour et pour longtemps dans sa vie, manger devint un vrai problème. Elle mangeait trop ou trop peu, trop vite, sans mâcher, sans jamais bien digérer ce qu'elle ingurgitait. Ou encore elle mangeait très lentement et puis, écœurée de ce qu'elle sentait dans sa bouche, elle recrachait le tout pour ne pas avoir à avaler une bouillie qu'elle ne supportait plus.

Vous allez me demander la raison de ce comportement et surtout de ce changement qui avait débuté précisément le soir où son père avait annoncé qu'il n'aimait plus sa femme. Comme pour tout ce qui touche à l'affection et à l'amour, les raisons sont complexes, mais pour mieux comprendre le comportement de la petite hirondelle vis-à-vis de la nourriture, il faudrait s'intéresser non pas à ce qui avait été dit par le père, mais à ce que la petite hirondelle avait entendu : si son père n'aimait plus sa femme, qui était aussi la maman de la petite hirondelle, alors cela pouvait vouloir dire qu'il risquait un jour de ne plus aimer sa fille ! Et cette idée était inacceptable pour la petite hirondelle. Elle découvrait brutalement que ce qu'elle croyait acquis à jamais, l'amour de ses parents pour elle, était susceptible de disparaître. Comme s'était éteint l'amour de son père pour sa mère !

Nous qui lisons ce conte, nous savons que l'amour de nos parents est différent de l'amour amoureux. Ce dernier peut durer parfois toute une vie mais il peut aussi s'essouffler en cours de route, ne plus être présent en direction de celui ou celle que l'on a aimé, car sur terre nul ne peut commander aux sentiments amoureux. Mais sur la terre aussi, l'amour parental ou l'amour filial est indestructible, un amour qui est acquis à jamais par le parent ou l'enfant qui le porte en lui.

Louisette, la petite hirondelle, ignorait cette différence. Elle imaginait que son père, comme sa mère, pourraient un jour ne plus l'aimer. Et, confrontée à cette pensée qui la faisait souffrir silencieusement, elle se sentait sans ressources et surtout sans envie de continuer à vivre : « À quoi bon se nourrir dans ces conditions ! »

Ainsi, elle vécut une grande partie de sa vie d'hirondelle avec cette pensée – un véritable poison – que, quoi qu'elle fasse, l'amour de son père ou celui de sa mère pour elle allait peut-être s'éteindre à jamais. Cette crainte pouvait expliquer en partie sa volonté de ne plus être vue, de devenir transparente, de ne plus exister. En un mot de disparaître pour ne plus avoir à souffrir de seulement imaginer cette terrible éventualité.

Si un jour vous rencontrez cette petite hirondelle, je vous en prie, racontez-lui ce conte, je suis persuadé qu'elle comprendra quelque chose d'important. Car les contes ont pour but de nous aider à tout âge, et pas seulement quand on est enfant, à mieux comprendre quelques-uns des aspects contradictoires, mystérieux ou incompréhensibles de toute existence !

Le conte de la famille éléphant où l'on ne se parlait pas du tout

Dans cette famille éléphant, on ne se parlait pas. C'était une sorte de règle tacite qui existait depuis toujours et que chaque membre respectait. Chacun gardait ses pensées pour lui, n'exprimait jamais un désir, ne montrait pas ses sentiments. Aucun des membres de cette famille ne formulait jamais de demande aux autres, personne au grand jamais ne donnait son point de vue et surtout, grand ou petit, nul n'exprimait ce qu'il ressentait. Que ce soit du bon ou du plaisant, du pas bon ou du difficile, chacun retenait tout à l'intérieur, ne laissait rien échapper ni rien deviner de ce qui se passait à l'intérieur de lui-même.

Or tout le monde sait que ce qui se passe à l'intérieur de nous a parfois plus d'importance que tout ce que nous montrons ou vivons au grand jour.

Dans cette famille de taiseux, on croyait et on était persuadé que c'était à l'autre de deviner et surtout d'entendre ce qu'on ne disait pas ! On était persuadé qu'avec ses grandes oreilles – vous savez que les éléphants ont d'immenses oreilles tombantes –, l'autre devait entendre sans qu'on ait même besoin de dire ! On pensait qu'un être proche aimant pouvait entendre ou tout au moins deviner ce qu'on pouvait dire silencieusement, tout à l'intérieur, et qu'il appartenait à chacun de faire un effort pour comprendre le silence des uns et des autres.

Écouter le silence est toujours possible, mais entendre ce qu'on ne dit pas, écouter ce qu'on garde pour soi est quand même difficile, sinon impossible, même pour un éléphant !

Ainsi on pouvait les voir, les éléphants de cette famille, cheminer durant des heures, à la queue leu leu, à la recherche de pâturages, sans dire un seul mot, sans émettre le moindre son, si ce n'est de temps à autre un barrissement très sourd de survie que poussait le vieux chef de la troupe pour avertir d'un danger possible. Ils mangeaient côte à côte, dormaient tout proches, se baignaient ensemble, mais sans se parler, sans échanger, sans dire ce qu'ils ressentaient de plaisant ou de déplaisant, ou ce dont ils avaient rêvé ! Sans partager les projets qui pouvaient naître dans la tête de l'un ou de l'autre et surtout dans celle des enfants qui, comme vous le savez, ont toujours des tas d'histoires et de choses à dire.

Car les enfants éléphants sont de grands rêveurs, ils imaginent plein, plein de choses. Par exemple : « Est-ce qu'un jour je pourrai voir la mer? Est-ce qu'il y a une vie après la mort? Est-ce que papa est bien mon papa? Est-ce que j'irai dans d'autres pays qui sont de l'autre côté de l'océan? Est-ce que ma petite copine m'aimera même quand je serai grand et surtout est-ce qu'elle aura encore de l'amour pour moi quand je serai vieux? »

Vous pouvez vous imaginer, vous, vivant dans une famille où personne ne parle à personne, où on ne pourrait pas se dire ni être entendu dans ses désirs? Où on ne pourrait pas faire des demandes? Où on ne pourrait pas dire à quelqu'un : « Je t'aime »?

Un beau jour, un petit éléphant qui s'appelait Jozdyr décida de sortir du silence et de se mettre à parler. De dire ce qu'il éprouvait dans sa vie de petit éléphant et surtout de ne pas s'en tenir à décrire ce qu'il se passait dans son corps, mais aussi de révéler ce qu'il pensait et imaginait quand il rêvait en plein jour ou même pendant la nuit.

La stupéfaction fut totale! Ce qu'il dit fut accueilli dans un premier temps par un silence de plomb. Tous les autres le regardaient avec de grands yeux mi-étonnés, mi-furibonds, en pensant qu'il était sûrement devenu fou ou qu'il avait dû prendre un sérieux coup de soleil sur le crâne! Et puis, soudain, tous se mirent à parler en même temps : « Tu n'as pas le droit de penser ce que tu penses, tu dois te tromper, ce que tu dis n'est pas juste, moi je ne ressens pas la même chose que toi, ce que tu dis ne nous intéresse pas, on sait déjà tout ça, ce n'est même pas la peine d'en parler, parler de ce qu'on connaît c'est du temps perdu, on a des choses plus intéressantes à faire que de parler… » Chacun à sa façon ne faisait qu'exprimer ses résistances et sa difficulté à parler de soi !

Devant ce déferlement de paroles qui contredisaient la sienne, Jozdyr le petit éléphant regretta tout d'abord d'avoir parlé, puis il se reprit, comme s'il entrevoyait une possibilité qu'il n'avait jamais soupçonnée jusque-là. « Alors chacun peut avoir quelque chose à dire ! pensa-t-il. Chacun peut parler et émettre un point de vue différent du mien ! Mais alors, pour donner leur point de vue, ils n'ont pas besoin de rejeter le mien, ils peuvent l'énoncer en le posant à côté du mien. Ce doit être bien plus intéressant et passionnant de découvrir les différences ou les ressemblances qu'il y a entre nos points de vue plutôt que de vouloir rejeter, critiquer ce qui vient de l'autre ou de chercher à imposer ses propres idées ! Dans ce cas, comment faire pour s'écouter les uns les autres, car si tout le monde parle en même temps, c'est une vraie cacophonie et personne ne peut entendre ou comprendre celui qui parle ! Si on ne prend pas le temps de s'écouter, on ne peut rien partager ! C'est peut-être pour cela que jusqu'à maintenant dans cette famille personne ne parlait à personne, chacun avait sans doute peur de ne pas être entendu ! »

Jozdyr en conclut qu'il devait réfléchir encore un peu pour trouver un moyen qui permette à chacun de se dire et d'être entendu, de parler sans être interrompu, d'entendre l'autre sans se sentir obligé de le contredire.

Chemin faisant, tout au bord d'une rivière, il aperçut un très beau morceau de bois qui avait dû séjourner longtemps dans l'eau. Il était tout satiné, tout poli et, c'est très curieux, il y avait d'un côté, vaguement esquissée, la forme d'une oreille et de l'autre côté, tout aussi vaguement évoquée, la forme d'une bouche. Il saisit le morceau de bois et toute la journée il se promena et joua avec. Il le lançait en l'air, puis le rattrapait joyeusement. Au bout d'un moment, il décida de le lancer à un de ses frères, qui le saisit puis le renvoya à une de ses sœurs, et ainsi de suite. Même le père et la mère prirent beaucoup de plaisir à jouer quelques instants avec eux. Ils passèrent ainsi une grande partie de la journée à s'amuser, à apprivoiser ce morceau de bois tout lisse et poli qui à un bout avait la forme d'une bouche et à l'autre celle d'une oreille.

Après le repas du soir, quand chacun s'installa sur le sable et qu'ils se retrouvèrent les uns contre les autres pour une veillée silencieuse comme cette famille en avait l'habitude avant le coucher, Jozdyr plaça le bâton avec lequel ils avaient joué toute la journée au milieu du groupe familial. Personne ne bougea, aucun membre de la famille ne prit le bâton. Alors Jozdyr le saisit avec sa trompe et il commença :

– Aujourd'hui, je crois que j'ai trouvé au bord de la rivière un bâton magique, c'est un bâton de parole. Ce bâton a le pouvoir particulier de permettre à celui qui le prend de parler. Avez-vous remarqué qu'il y a à une extrémité le dessin d'une bouche et à l'autre celui d'une oreille ? Cela veut dire que celui qui le prend avec sa trompe montre à tous qu'il veut parler et qu'il souhaite également être entendu !

Jozdyr reposa le bâton et attendit. Un long moment s'écoula. Puis une de ses sœurs, la plus petite, attrapa le bâton de parole avec sa trompe et annonça courageusement :

– Moi j'ai quelque chose d'important à dire et surtout je voudrais être entendue sans que personne me coupe la parole !

Toute la famille demeura silencieuse, tous avaient les yeux écarquillés et les oreilles palpitantes d'attention. Jamais cette petite éléphante n'avait prononcé un seul mot et chacun était curieux de savoir ce qu'elle pouvait bien avoir de si important à dire.

– Eh bien, voilà ce que j'ai à dire : je ne me sens pas toujours bien dans cette famille, depuis que j'ai entendu maman murmurer à une de ses amies : « Cette enfant, je m'en serais bien passée. Quand je suis devenue enceinte, j'étais trop vieille pour avoir encore un enfant, j'en avais déjà eu dix et je trouvais que c'était assez ! » Depuis que j'ai entendu maman chuchoter cette confidence me concernant, je ne me suis plus jamais sentie bien dans cette famille ! Moi je voudrais qu'on me dise clairement si j'y ai vraiment ma place ou pas !

Puis elle reposa le bâton de parole et attendit que quelqu'un le prenne à son tour pour exprimer son point de vue ou autre chose.

C'est le père qui prit le bâton de parole et voici ce qu'il dit à sa courageuse petite fille :

– Ce que tu viens de dire me touche beaucoup. Je n'en ai jamais parlé, mais moi aussi j'ai été un enfant non désiré par mes parents et je m'étais juré de ne jamais faire vivre le même sort à un de mes enfants. Je n'étais pas présent quand ta mère s'est confiée à son amie, je savais tout de même qu'elle avait mal vécu au début d'être à nouveau enceinte. Mais comme dans cette famille on ne se parle pas, je suis passé à côté de quelque chose d'important. Je crois d'ailleurs que ta maman a aussi son mot à dire à ce sujet.

La mère saisit alors le bâton de parole, elle jeta un regard de reconnaissance en direction du petit Jozdyr et voici ce qu'elle put dire ce soir-là à sa fille en présence de tous :

– C'est vrai que lorsque j'ai découvert que j'étais à nouveau enceinte, je ne l'ai pas bien vécu, je me sentais épuisée et surtout je croyais que je ne pourrais pas être une bonne mère pour toi, je me sentais trop âgée, pas capable de m'occuper d'un nouveau bébé ! C'est cette fatigue et mon âge avancé qui m'ont fait dire que j'étais trop vieille. Et puis tu es arrivée, tu es venue au monde et là, comme un miracle, c'est toi qui m'as appris à être mère à nouveau, à être mère pour une dernière fois. Et je t'en serai à jamais reconnaissante, même si je n'ai pas pu te le dire avant aujourd'hui…

Je crois savoir que dans cette famille d'éléphants, le bâton de parole fait maintenant partie des trésors qu'ils emportent partout, partout où le troupeau se déplace, partout où il va à différents moments de la journée. Grâce à lui, la parole de chacun circule mieux, avec quelque chose en plus : la possibilité d'être entendue !

Le conte de la petite souris qui ne voulait pas avoir deux mamans et encore moins deux papas

Au pays des souris, comme dans beaucoup d'autres pays d'ailleurs, le cours de l'existence peut connaître de nombreux changements. Il peut s'agir de changements survenus à l'occasion d'événements heureux ou de bouleversements consécutifs à des événements moins heureux. Et dans la famille de souris dont je veux vous parler, il était arrivé certains événements liés à des circonstances que personne n'avait prévues et qui avaient chamboulé le quotidien de chacun des membres.

Il faut savoir que l'essentiel de la vie d'une souris est semblable à une succession de naissances faites de rencontres et de séparations. Comme si chaque rencontre, parfois magique ou d'autres fois plus éprouvante, était l'occasion d'une mise au monde. Comme si chaque séparation, certaines nécessaires – comme sortir du ventre de sa maman et plus tard quitter ses parents pour fonder sa propre famille –, d'autres imposées – comme perdre un être cher ou être quitté par un être aimé – ou encore choisies – quand c'est nous qui décidons de quitter quelqu'un, de renoncer à une relation –, comme si chacune de ces séparations, donc, pouvait devenir l'occasion d'une renaissance chez celui qui la vivait. On peut ainsi affirmer, sans risque de se tromper, que toute rencontre ou séparation pouvait permettre à chaque souris d'accéder à une nouvelle naissance et ainsi de se mettre au monde, de grandir de l'intérieur, pour peut-être pouvoir devenir un peu plus elle-même.

Donc, il était une fois une petite souris nommée Marion, une petite souris tout à fait normale, qui allait à l'école, avait des copains et des copines, prenait des leçons de piano et aimait beaucoup faire de longues promenades dans la campagne avec ses deux copines préférées. Marion avait eu un papa et une maman très gentils, vraiment adorables – ce n'est pas moi qui le dis, c'est Marion qui l'affirmait à l'époque où ils vivaient heureux tous ensemble. Des parents normaux, qui s'étaient aimés, qui s'étaient accordés, qui s'étaient désaimés (cela arrive !), qui s'étaient désaccordés (cela arrive aussi) mais qui s'étaient quand même mis d'accord pour se séparer sans se faire la guerre. Ils n'avaient pu s'entendre suffisamment pour continuer à vivre ensemble, mais ils s'étaient bien entendus pour se séparer. Ils avaient donc décidé de se quitter et de « refaire leur vie », comme on dit au pays des souris, chacun se remariant de son côté.

Dès lors, notre petite souris se retrouvait avec l'équivalent de deux papas et deux mamans ! En fait, pas exactement, car son père restait son vrai papa, celui qui, avec sa mère, lui avait donné la vie, et l'autre, quand elle était chez sa mère, était tout simplement le nouveau mari de celle-ci ! De même, quand elle vivait chez son père, elle savait qu'elle avait sa vraie maman restée dans sa maison et une sorte de seconde maman, pas tout à fait une maman, qui était la nouvelle femme de son papa.

Marion aurait bien voulu démêler toutes ces relations, mettre un peu d'ordre dans ce qu'elle vivait, voir plus clair dans ces recompositions – elle avait entendu parler des familles « recomposées » – pour savoir comment se comporter à la fois avec le nouveau mari de sa maman et avec la nouvelle femme de son père !

Il paraît qu'au pays des humains, il y a plein de petits garçons et de petites filles qui vivent cette situation et qui ne s'en sortent pas si mal que ça. Mais est-ce bien vrai ?

Marion la petite souris se sentait en conflit à l'intérieur d'elle-même. Elle sentait que ce qu'elle éprouvait pour son papa et sa maman était bien de l'amour, alors que pour sa belle-mère et son beau-père – puisqu'il faut bien les appeler ainsi – ce n'était pas vraiment de l'amour mais plutôt un ressenti plus ou moins positif et plus ou moins agréable selon les situations de sa vie quotidienne avec eux.

Si elle avait eu le courage de mettre des mots sur ce qu'elle ressentait vis-à-vis d'eux, elle aurait pu dire qu'elle les appréciait. Le nouveau mari de sa mère, il est vrai qu'elle le trouvait assez souvent sympathique, « cool », qu'elle avait du plaisir à discuter avec lui, à se promener, à découvrir sa passion pour les papillons qu'il collectionnait, bref, elle se sentait bien, détendue et à l'aise en sa compagnie. Il en était de même pour la nouvelle femme de son père. Elle la trouvait élégante, drôle, éprouvait beaucoup de plaisir à se promener avec elle, se moquait gentiment de sa manie d'entrer dans tous les magasins de vêtements et de lui demander son avis sur telle ou telle robe ou jupe ! Bon, d'accord, elle avait de l'affection, de la sympathie pour l'un et pour l'autre, mais l'affection ce n'est pas tout à fait de l'amour ! L'affection, la sympathie sont des ressentis doux, tendres, bienveillants, mais qui ne peuvent pas se comparer à de l'amour. Tous ceux qui aiment vraiment du fond de leur cœur le savent !

Personne n'avait appris à Marion à mieux différencier un sentiment – qui se relie à une personne précise et qui se vit, en général, dans la durée – et un ressenti – qui, lui, est plus éphémère et se rattache davantage à un comportement, à une manière d'être de quelqu'un. Aussi, Marion vivait toutes ces expériences dans une certaine confusion, sans pouvoir y mettre des mots précis.

Il est possible qu'en lisant ce conte, elle comprenne mieux ce qu'elle éprouve à l'intérieur d'elle-même et qu'elle puisse mieux accorder ou réconcilier ce qu'elle vit tantôt chez son père, tantôt chez sa mère. Qu'elle découvre que chacun à sa façon, l'un comme l'autre, reste pour elle un repère stable et fiable dans le domaine de ses sentiments. Que son beau-père et sa belle-mère peuvent être chacun, une balise stimulante, féconde dans le domaine de ses relations et de son ouverture au monde. Que ces balises et ces repères puissent rester longtemps des ancrages solides pour lui permettre d'affronter le monde qui l'attend.

Le conte du petit cacatoès qui posait toujours des questions

On ne le sait pas toujours, mais il se trouve que les enfants cacatoès posent beaucoup, beaucoup de questions à leurs parents. Et la plupart de ces questions commencent par un « pourquoi ? ».

« Pourquoi le papa de ma copine Marine a-t-il quitté sa maman et pourquoi est-il parti de sa maison ? Maintenant ma copine elle pleure souvent ! », « Pourquoi je suis obligé de me coucher tôt alors que je n'ai pas sommeil et que les parents, eux, regardent la télé ? », « Pourquoi, eux, ils peuvent s'acheter ce qu'ils veulent et pourquoi ils refusent souvent ce que je leur demande de m'acheter ? », « Pourquoi, eux, ils ont le droit de dormir ensemble alors que moi je suis tout seul dans mon lit ? », « Pourquoi on est obligé d'aller à l'école presque tous les matins ? On pourrait y aller un jour sur deux, ce serait bien suffisant ! », « Pourquoi il faut se laver tous les jours alors qu'il y a des jours où je ne suis pas sale ? », « Pourquoi on est obligé de garder toujours les mêmes parents ? On pourrait en changer de temps en temps, on pourrait même les reprendre pour les vacances ou les laisser à d'autres enfants qui n'ont pas de parents ! », « Pourquoi les gâteaux sont toujours trop petits alors que ceux qui les font savent qu'on les aime beaucoup ? », « Pourquoi maman dit toujours à mes tantes et cousines que j'aime le piano et surtout que j'adore mon professeur, que je fais des progrès, alors que je n'aime pas du tout le piano et que mon professeur sent la sueur et l'odeur des pieds, ce que je déteste ? », « Pourquoi maman répond toujours au téléphone à sa mère que ça va bien, alors que moi je vois bien que ça va pas du tout ? », « Pourquoi les jours de la semaine, quand on veut rester au lit, il faut se lever et que le dimanche, quand on veut se lever, il faudrait rester encore un peu couché pour pas déranger ses parents ? », « Pourquoi on m'oblige à manger de la soupe à la tomate, alors qu'on sait très bien que je n'aime pas ça ? ».

Vous avez sans doute remarqué que celui qui vous pose une question a déjà, le plus souvent, une idée de réponse dans la tête. Ce n'est donc pas votre réponse qu'il attend, mais une confirmation que sa réponse à lui est la bonne, qu'elle est justifiée.

Si on a compris que derrière toute question il y a une interrogation chez celui qui la pose, on saisira mieux combien il est important en tant que parent de ne surtout pas répondre au « pourquoi ? », du moins dans un premier temps !

C'est ce qui explique que le petit cacatoès qui posait sans arrêt des questions était toujours mécontent des réponses qu'on lui apportait et que chacune d'elles soulevait de nouvelles insatisfactions qu'il tentait de combler par de nouvelles questions.

Mais comment arrêter ce cycle infernal ? allez-vous me demander. Il y aurait un moyen très simple pour les parents du petit cacatoès et peut-être pour d'autres parents qui seraient eux aussi confrontés à ce problème. Ce serait d'une part de ne pas répondre tout de suite à la question et d'autre part de demander au petit cacatoès ce qu'il en pense, lui. De lui permettre d'oser dire les interrogations qu'il y a en lui derrière ses questions. Ce qui suppose de comprendre que ces interrogations non formulées sont bien plus importantes que les questions elles-mêmes !

Si les parents ou les adultes cacatoès savaient cela et acceptaient de ne pas toujours tout expliquer, je crois qu'ils communiqueraient mieux avec leurs enfants !

Le conte du petit jaguar qui ne voulait pas être aimé comme sa sœur

– Moi, disait cette maman jaguar à tous ceux qui voulaient bien l'entendre, j'aime mes enfants pareil. Que ce soit ma fille ou mon fils, je les aime de la même façon. Quand je donne à l'un, je donne à l'autre, pour ne pas faire de jaloux. Il faut être équitable avec les enfants, ne pas donner plus à l'un qu'à l'autre !

Et rien ne pouvait changer l'opinion de cette mère qui avait l'impression qu'en agissant de la sorte, elle était une mère juste, impartiale et surtout une très bonne mère.

Mais son fils Nobru, le petit jaguar, en entendant ces propos, en voyant comment se comportait sa mère, pensait : « Moi, je ne veux pas être aimé pareil, je veux être aimé pour moi. Et d'abord on n'est pas du tout pareils, ma sœur et moi, il y a plein de différences entre nous et même des différences très importantes, mais maman elle fait comme si elle ne les voyait pas ! »

Il semble qu'au pays des jaguars beaucoup de parents sont comme la maman de Nobru, ils sont persuadés qu'être équitable avec leurs enfants c'est dispenser à chacun la même part d'amour, les mêmes soins, les mêmes marques d'attention en veillant à ne pas privilégier l'un par rapport à l'autre (si tant est que ce soit possible, d'ailleurs !). Or ces parents font semblant de croire qu'il n'y a pas de différence chez leurs enfants dans leurs besoins, dans leurs désirs, dans leur façon de recevoir et de donner, de demander ou de refuser, et même de rêver !

Nobru, le petit jaguar, aurait voulu que sa mère et son père comprennent mieux que l'amour ne devait pas passer uniquement par des soins ou des inquiétudes et des peurs. Il aurait attendu que cet amour se dise autrement qu'en insistant lourdement pour qu'il mange bien ses trois tartines au petit déjeuner, pour qu'il se lave bien les dents, qu'il soit gentil avec sa sœur et ses petits camarades. Et surtout, il aurait souhaité que cet amour ne se dépose pas sur lui comme une charge un peu trop écrasante, à cause d'une surprotection anxieuse et d'excès de prévenance quand sa mère, croyant bien faire, lui répétait par exemple plusieurs fois dans une semaine ou même plusieurs fois par jour : « Fais attention, tu vas tomber si tu cours trop vite », « Tu devrais manger moins vite, tu vas encore avoir mal à l'estomac », « Tu feras bien attention en allant à l'école, surtout reste bien sur le chemin que je t'ai montré, c'est plus long que celui que tu voulais prendre, mais c'est un chemin plus sûr », etc., etc.

Sa maman inondait – pour ne pas dire étouffait – son fils de conseils censés contribuer au bien-être de son enfant mais qui traduisaient surtout l'inquiétude et les nombreuses peurs qu'elle avait elle-même. Ainsi, quand elle lui disait : « Surtout ne quitte pas ton manteau pendant la récréation, tu pourrais attraper froid, et ne bois pas de l'eau au robinet qui est sous le préau, tout le monde s'en sert et c'est plein de microbes », en fait elle transmettait non de l'amour mais ses propres craintes qui n'aidaient pas réellement son enfant. De toute façon Nobru, agissant comme tous les enfants de son école, buvait quand il avait soif, se débarrassait de son manteau quand ce vêtement l'embarrassait pour jouer, pour bondir et n'hésitait pas à grimper aux arbres chaque fois qu'il en avait l'occasion.

Depuis quelque temps, quand le petit jaguar entendait les recommandations de sa mère, il se bouchait intérieurement les oreilles. Il faisait semblant d'écouter tout en pensant à autre chose, mais il sentait bien qu'il entendait quand même toutes les inquiétudes et les peurs de sa mère qui se déversaient sur lui. Des peurs qui pesaient lourdement sur ses épaules, pour tout dire. Et même si sa mère tentait de le rassurer le soir en l'embrassant dans son lit : « Mais c'est parce que je t'aime que je te fais toutes ces recommandations, parce que je tiens à toi que je suis inquiète. Ah, s'il vous arrivait quelque chose, à ta sœur et à toi, je ne sais pas si je pourrais continuer à vivre ! », toutes ces paroles, au lieu de l'apaiser, le culpabilisaient et l'angoissaient un peu !

Cette dernière phrase en particulier : « S'il vous arrivait quelque chose, à ta sœur et à toi, je ne sais pas si je pourrais continuer à vivre ! » ne le rassurait pas du tout et encombrait même Nobru. Il avait l'impression qu'il devait être responsable de la vie de sa mère. Et comme je vous l'ai dit, toutes ces craintes pesaient lourdement sur ses épaules – encore plus lourdement que son cartable –, aussi partait-il chaque matin à l'école de plus en plus courbé. Cette année-là d'ailleurs, le médecin de santé scolaire fit une note pour ses parents, précisant que leur enfant avait une scoliose, qu'il faudrait veiller à ce que son cartable ne soit pas trop lourd, de façon à ce qu'il puisse se redresser.

Un jour Nobru prit son courage à deux pattes et le soir, alors que sa maman l'embrassait en lui disant combien elle aimait ses enfants de la même façon, il osa lui répondre :

– Maman, moi je ne veux pas être aimé pareil que ma sœur, je veux être aimé pour moi. Je veux être aimé de façon différente d'elle. Et puis il faut que je te le dise, maman, toute l'inquiétude que tu déposes sur moi, à chaque instant, ce n'est pas bon pour moi, elle pèse lourd sur mes épaules et parfois même elle me donne des crampes au ventre…

– Mais qu'est-ce que tu vas chercher là, mon ange, c'est parce que je t'aime, mon chéri !

– Écoute-moi maman, laisse-moi te dire tout ce que je ressens. Tu sais, j'ai beaucoup réfléchi. Je crois que l'amour c'est donner du bon à ceux qu'on aime, c'est leur offrir le meilleur de soi, ce n'est pas les inquiéter avec des peurs que l'on dépose sur eux tous les jours, ce n'est pas les envahir avec de l'angoisse.

Puis, comme s'il récitait une leçon, il énonça gravement :

– L'amour parental, c'est par des gestes infimes qu'il passe, par des regards doux portés vers son enfant, par des sourires à lui seul destinés. Les parents jaguars sont là pour développer chez chacun de leurs petits la liberté de vivre le meilleur de sa vie d'enfant.

Il s'arrêta tout essoufflé.

– Mais où vas-tu chercher des idées pareilles ? demanda sa maman. Qui te les a mises dans la tête ?

– Je l'ai appris à l'école où l'on nous donne des cours de communication. J'ai appris que derrière toute peur, il y a un désir. Il me semble que si tu pouvais reconnaître tes désirs derrière toutes les peurs que tu as, cela m'aiderait à me construire avec plus de confiance.

– Ainsi c'est ton institutrice qui t'a appris tous ces trucs ?

– Maman que j'aime, ce ne sont pas des trucs, c'est une autre façon de comprendre la différence entre l'amour et la relation que l'on propose à ceux qu'on aime.

– Pour moi c'est la même chose. Mon amour et la relation que j'ai avec toi forment un tout, ils ne font qu'un !

– Justement, c'est un tout qui mélange et qui nous rend sourds et aveugles…

– Mais enfin, tu ne vas pas croire tout ce qu'on raconte à l'école ! Ce n'est quand même pas mon fils qui va m'expliquer à mon âge comment il faut aimer ses enfants ! C'est le monde à l'envers ! Mais dans quelle époque vivons-nous ?

– Eh bien, j'ai lu dans un livre un conte qui expliquait tout cela et j'ai trouvé que c'était vrai pour moi.

– J'ai la tête qui tourne un peu, je ne sais pas si je vais arriver à comprendre ce que tu me dis !

– Si tu veux, maman, je peux t'apprendre comment mieux m'aimer ! Tu sais, je serai très patient…

Ce soir-là, ils n'en dirent pas plus, ni l'un ni l'autre. Mais ce que je sais, c'est que la maman mit longtemps à trouver le sommeil et que le petit jaguar, lui, s'endormit très apaisé, très content et confiant, fier d'avoir osé. D'avoir osé exprimer sa demande la plus importante : « Je veux être aimé pour moi. »

Le conte du papa panda qui avait décidé de transmettre à ses enfants le grand secret que lui avait transmis son propre père

Le temps était venu pour ce papa panda, à la naissance de son deuxième enfant qui était une fille, de lui transmettre ainsi qu'à son fils aîné le grand secret que lui avait transmis son propre père. Secret que son père détenait de son propre père, lequel le tenait de son père, et ainsi de suite depuis la nuit des temps, c'est-à-dire depuis que les premiers pandas étaient venus habiter sur cette planète.

Déjà je sens que chacun s'interroge : « Mais quel pouvait bien être ce secret qui se transmettait ainsi de père en fils et même de père en fille depuis tant de siècles ? »

Il serait simple de le résumer par une courte phrase qui pourrait s'énoncer ainsi : il ne faut pas confondre la VIE et l'EXISTENCE. Encore faudrait-il commencer par expliquer pourquoi il ne faut pas confondre ces deux mots. Cela demande justement quelques clarifications pour ceux qui seraient tentés de les assimiler et de penser à première vue qu'il s'agit de la même chose. Et ils sont nombreux, ceux qui les considèrent comme des synonymes, je pense en particulier à tous ceux qui ne vivent pas au pays des pandas !

Ainsi, dans beaucoup d'autres pays on pouvait souvent entendre des adultes dire : « Ces jours derniers, la vie a été très difficile pour moi ! » ou : « Je n'ai pas de chance dans la vie, il m'est arrivé tellement de malheurs ! » ou au contraire : « J'ai eu beaucoup de chance dans ma vie, j'ai rencontré une compagne qui m'adore ! » En réalité chacun voulait dire, à sa façon, que ce qui s'était passé dans son existence ou dans telle ou telle période de son existence, à tel ou tel âge, avait été difficile, douloureux, inquiétant, ou à l'inverse heureux et bienfaisant pour lui.

La question que je sens maintenant poindre, que j'entends déjà est la suivante : « Mais qu'est-ce que c'est que l'existence alors, par rapport à la VIE ? »

Il serait trop facile et réducteur de répondre que l'existence de quelqu'un c'est tout ce qui se passe entre sa conception, la sortie du ventre de sa mère et sa mort, que celle-ci soit naturelle ou provoquée par un accident ou une maladie.

L'existence comprend l'ensemble des circonstances, des rencontres, des événements petits ou grands, importants ou plus anodins, que nous allons inscrire dans notre corps, dans notre esprit, dans notre imaginaire, soit comme source de plaisir, soit comme de simples faits neutres ou insignifiants, soit comme une source de difficulté ou de douleur parfois.

L'existence est faite de l'écoulement du temps, du déroulement des jours et des nuits. L'existence peut être découpée en secondes, en minutes, en heures, en jours, en semaines, en mois ou en années, en saisons, en périodes comme la petite enfance, l'enfance, l'adolescence, l'âge adulte ou la vieillesse. Mais ce qu'il faut comprendre c'est que la VIE, qui est présente en chacun de nous depuis le premier instant de notre conception, ne peut pas, elle, se découper en tranches. La VIE est semblable à une graine qui ne demande qu'à croître, à se développer. Une graine qui est présente en nous à tout instant, qui accompagnera notre existence jusqu'au bout. Elle participe à tout ce qui nous arrive, on pourrait même dire que c'est notre meilleur, notre plus fidèle compagnon, dans tous les sens du terme. C'est pourquoi la VIE ne peut pas être mauvaise ni néfaste. La VIE ne peut être contre nous, elle ne peut pas rendre notre existence difficile, puisqu'elle est comme la sève de notre existence. La VIE est un miracle permanent.

Savez-vous par exemple que lorsque j'écrirai les mots qui vont suivre, des milliards de connexions, c'est-à-dire des milliards de messages microscopiques, vont fonctionner en même temps dans mon cerveau et dans la totalité de mon corps ? Il en sera de même pour chacun de vous qui allez lire ce conte ou l'entendre s'il vous est raconté. Il y aura chez vous des milliards de connexions différentes fonctionnant toutes en même temps dans votre cerveau, dans tout votre corps. Elles devront surtout fonctionner dans le bon sens, dans la bonne direction à l'intérieur de vous. Alors, imaginez tous ces milliards de milliards de messages microscopiques qui circulent en vous, quand vous mangez, courez, apprenez une leçon ou jouez à cache-cache ! C'est cela que permet la VIE qui est en nous. Elle veille en permanence sur nous, toujours disponible, jamais fatiguée, parfois un peu essoufflée peut-être, ou étonnée quand vous la maltraitez en lui demandant de vous permettre de vivre en une heure ce dont, en dix heures, on ne ferait pas seulement la moitié !

Je tente de vous dire, avec des mots simples, que la VIE est un miracle permanent, qui se reproduit à tout instant, tout au long de notre existence, pour nous permettre d'exister et surtout d'exister en étant le plus vivants possible !

Voilà en quelques phrases ce que le père panda, avec ses mots à lui, expliqua ce matin-là à ses enfants. Voilà ce qu'il leur révéla, ne manquant pas de leur préciser de ne jamais désespérer de la VIE qui était en eux, les invitant à en prendre soin, à l'aimer, à la respecter.

– Chaque matin, leur conseilla-t-il, en vous éveillant, la première chose que vous pourriez faire, c'est ouvrir grand vos yeux et votre cœur, regarder autour de vous, et fermer les yeux quelques instants pour seulement écouter la VIE qui vibre en vous. Puis lui dire : « Merci, ma VIE, d'être présente en moi, merci de m'accompagner dans mon existence d'enfant et plus tard dans mon existence d'adolescent et ensuite dans mon devenir d'adulte. »

Simplement commencer la journée par ces remerciements. Votre VIE vous entendra, comprendra et vous en sera reconnaissante. Ce que je viens de vous dire, ajouta le papa panda, m'a été dit par mon père, votre grand-père, qui l'avait entendu de son père, votre arrière-grand-père, et vous un jour, je l'espère, vous pourrez dire ce grand secret à chacun de vos enfants, qui à leur tour le transmettront à leurs propres enfants s'ils en ont. De toute façon, vous ne serez pas les seuls à transmettre ce message de vie, comme moi-même je ne suis pas le seul à vous le communiquer. Tout autour de vous des papas pandas, des mamans pandas transmettent aussi ce secret. Un secret que chacun sait important et essentiel pour pouvoir vivre son existence à pleine vie.

Est-ce ce secret qui permet aux pandas de vivre en paix depuis des millénaires, de ne jamais se faire de mal les uns aux autres, de ne se laisser entraîner dans aucune guerre avec qui que ce soit, de ne pas envahir d'autres pays, de ne violenter personne ? Je serais tenté de le croire.

Le conte du petit castor dont les parents changeaient souvent de pays

Il était une fois un petit castor dont les parents travaillaient à l'étranger. Travailler à l'étranger, cela veut dire que l'on a quitté son pays d'origine, le pays qui nous a vus naître, et que l'on a accepté de s'exiler, de partir au loin, dans un nouveau pays. Voici comment cela s'était passé. Le papa de ce petit castor était un travailleur acharné, apprécié par ses patrons. Il avait surtout un grand talent d'organisateur, ce qui lui valait d'être envoyé par ses employeurs durant quatre ou cinq ans pour de lointaines missions, chaque fois dans un nouveau pays. Il devait donc déménager avec toute sa famille et s'installer avec sa femme et ses enfants dans une nouvelle ville, dans une nouvelle maison, au bord d'une nouvelle rivière !

En quelques mois, il était capable d'installer une nouvelle entreprise, de remettre sur pied une usine en difficulté qui, sans son intervention, aurait mis la clé sous la porte. Il avait un véritable don pour mettre en place, créer et faire fonctionner toute une chaîne de grands magasins dans un pays où cette enseigne n'était pas implantée avant son arrivée. Comme vous pouvez l'imaginer, il était reconnu comme très compétent et efficace et devait donc se déplacer souvent à travers le monde pour de nouvelles créations d'entreprises.

Ainsi, quelques années seulement après s'être installé avec sa famille dans un pays, devait-il déménager, s'habituer à un autre lieu qu'il ne connaissait pas et se lancer dans un nouveau défi : réussir. Ce qu'il faisait d'ailleurs très bien.

Comme ce père castor était le plus souvent très préoccupé par son travail, qu'il dépensait beaucoup d'énergie pour s'installer, s'adapter à son nouveau milieu de travail et de vie, qu'il devait tenter de comprendre les habitudes et les façons de vivre des habitants, qui parfois étaient très différentes de celles de son pays d'origine, cette phase d'acclimatation l'accaparait beaucoup, avec pour conséquence qu'il disposait de peu de temps à consacrer à sa propre famille. De plus, comme il considérait que son travail était très important et même pour tout dire prioritaire, vous avez déjà compris que sa femme et ses enfants passaient en deuxième, troisième ou quatrième position dans ses préoccupations, ce qui est, je peux vous le confirmer, souvent le cas dans les familles de castors.

Par ailleurs, comme beaucoup de castors mâles, il attendait beaucoup de sa femme. Par exemple qu'elle soit attentive, prévenante, qu'elle sache bien tenir la maison, recevoir d'autres couples et même qu'elle l'aide à être lui-même plus disponible… pour les autres et surtout pour son travail !

La femme d'un castor envoyé à l'étranger, il faut le savoir, prenait sur elle non seulement la mission de résoudre tous les problèmes de la vie quotidienne – et ils étaient nombreux : déménagement, emménagement, inscription des enfants à l'école, apprivoisement des voisins, découvertes de nouvelles habitudes de vie, apprentissage d'une nouvelle langue, intendance – mais aussi, avec beaucoup de courage et d'abnégation, la responsabilité de prendre soin de son mari, de veiller à ce qu'il soit toujours en forme, détendu, prêt à gagner le nouveau challenge qu'il s'était fixé en acceptant un poste à l'étranger.

En général tous ces castors qui travaillaient à l'étranger parlaient une langue qui était devenue progressivement universelle : le glaisan. Une langue très pratique et fonctionnelle, qui permettait déjà de se comprendre dans la vie courante et la vie professionnelle.

Les femmes castors qui venaient d'un même pays essayaient de se rencontrer, de s'entraider, de faire se côtoyer leurs enfants en parlant leur langue maternelle. Elles se donnaient des conseils, les plus anciennes apprenant aux nouvelles ce qu'il fallait éviter de faire, ce qu'il était conseillé de ne pas dire, ce qu'il était important de savoir, ce qu'il était préférable de ne pas voir ou entendre.

Car chaque pays avait des mœurs et des conditions de vie très différentes. Certains étaient dirigés par des tyrans, des dictateurs, des militaires parfois, qui ne respectaient pas les droits de leurs propres citoyens castors. Ainsi, dans certains pays, les femmes castors n'avaient pas le droit de conduire, elles devaient porter un foulard sur la tête ou cacher leur visage, leurs jambes et toutes les parties visibles de leur corps. Il n'était pas question pour elles de poursuivre des études. Dans d'autres pays, les femmes castors devaient accepter que leur mari ait plusieurs épouses et ainsi, parfois, de partager leur vie intime avec deux ou trois autres femmes qui venaient s'installer dans la même maison.

Mais dans la famille que j'ai évoquée, c'est surtout d'Erwan, le petit castor, que je voudrais vous parler. À huit ans il avait déjà vécu trois déménagements. Il avait traversé en avion deux océans, fréquenté trois écoles différentes, dû s'adapter à un climat très froid du côté de la Russie, à un climat très humide du côté du Brésil, à un climat très sec et chaud du côté du Moyen-Orient. Et pour lui chaque déménagement déclenchait beaucoup de souffrances. Le fait d'avoir à se séparer des amis auxquels il s'était attaché lui déchirait chaque fois le cœur. Tout comme de quitter un quartier ou un village où il avait pris des habitudes, où il pouvait jouer avec des copains et des copines castors, qui soudain lui manquaient.

C'est ainsi qu'il en était venu à se méfier de tout le monde, il n'arrivait pas à avoir suffisamment de confiance en lui, il ne voulait plus s'attacher à qui que ce soit, parce que nouer une relation comportait une sorte de menace à ses yeux, qui l'amenait à se dire : « Si je m'attache à un copain, je vais souffrir quand je devrai partir ! » Il se tenait sur ses gardes et ne voulait plus aimer, après avoir conclu que de toute façon il serait obligé de quitter l'amie qu'il aimerait et que cette séparation lui ferait encore plus mal que s'il ne l'avait pas aimée ! « Si c'est pour que ça finisse par un déménagement de plus, c'est pas la peine de commencer une relation ! Autant s'en passer ! »

Il s'était renfermé et isolé de plus en plus, et le plus terrible c'est qu'il s'était mis à manger, à dévorer tout ce qui lui tombait sous la patte voire plus ! Ainsi il avait grossi, grossi, au point de ne plus pouvoir courir, jouer ou même se détendre. Être gros pour un petit castor, ce n'est pas facile à vivre. Les autres enfants castors se moquaient de lui, le provoquaient en le raillant :

– Tu vas bientôt éclater, ton lit va être trop petit, tu ne pourras plus lacer tes chaussures ou même faire pipi, parce que ton ventre est trop gros et tes bras seront trop courts pour tenir ton zizi…

Cette dernière remarque le blessait tout particulièrement, il s'enfermait alors dans encore plus de silence. Ses parents, qui étaient un peu naïfs, comme beaucoup de parents au pays des castors, croyaient que c'était parce qu'il était timide !

Vous l'avez bien compris, ce n'était pas de la timidité. Son silence était l'expression de toutes ses frustrations, de toutes ses inquiétudes et aussi de toutes les colères rentrées qui bouillonnaient en lui et qu'il n'osait exprimer.

Il aurait tellement aimé pouvoir dire à son papa : « Papa, s'il te plaît, n'accepte plus un poste de travail à l'étranger, restons dans le pays où toi, moi, maman, ma sœur et moi nous sommes nés ! »

Mais au pays des castors, quel est le père passionné ou entièrement pris par son travail qui peut entendre la demande silencieuse de son enfant ?

Un conte pour ne pas confondre ce que l'on croit et ce que l'on sait

Sur cette planète lointaine où vivaient des êtres très semblables aux humains que l'on voit habituellement vivre sur notre planète Terre, dans le domaine de la pensée et des idées les choses étaient claires, nettes et précises. On ne confondait jamais les croyances et le savoir.

On savait que les croyances étaient… des croyances, c'est-à-dire des certitudes qui s'insinuaient dans la tête, dans le cœur, dans l'imaginaire d'un enfant ou d'un adulte, des certitudes qu'on ne pouvait pas expliquer ni remettre en cause. Des évidences qu'on ne pouvait pas discuter, qui s'imposaient à certains comme des vérités. Par exemple la croyance, jusqu'à un certain âge, que si on avait été sage, si on avait bien travaillé à l'école, le père Noël serait très gentil et viendrait nous apporter tout plein de jouets au milieu de la nuit de Noël. Ou encore la croyance que si on avait commis un péché, une faute, quelque chose qui n'était pas bien, qui ne devait pas être fait ou qui avait porté préjudice à quelqu'un, on irait en enfer ! Ou encore la croyance que les Juifs, les Noirs, les Arabes ou d'autres peuples ne devraient pas s'installer dans les pays qui avaient commis l'erreur de les accueillir, croyance assortie de la conviction qu'ils devraient retourner chez eux. Oui, certains avaient cette croyance-là. Et bien d'autres encore qui peuvent paraître, à nous Terriens, très curieuses !

Mais sur cette planète, comme j'aurais dû vous le dire plus tôt, les gens n'essayaient pas d'imposer leurs croyances aux autres. Ils pouvaient en témoigner, les partager et ils acceptaient aussi, avec un grand respect, que d'autres en aient de différentes. Lesquelles ? allez-vous me demander. Par exemple, certains ne croyaient pas en un dieu unique et tout-puissant ou croyaient en un dieu différent. Ou encore certains croyaient que les femmes devaient obéir en toutes circonstances à leur mari, qu'elles n'avaient pas besoin d'entreprendre des études et, selon les mêmes croyances, qu'elles devraient consacrer l'essentiel de leur temps à tenir leur maison propre et à élever leurs enfants. D'autres avaient au contraire la croyance que chacun, chaque être humain, femme ou homme, avait la capacité de penser, de croire et de conduire sa vie dans le respect de ses propres convictions et dans le respect de celles des autres. Ceux-là avaient la certitude que tous les êtres de la planète sur laquelle ils vivaient méritaient d'avoir les mêmes droits et devoirs les uns envers les autres. D'autres étaient persuadés que si un jour on créait sur cette planète un gouvernement mondial, il n'y aurait plus de guerres. Et d'autres encore pensaient que si on enseignait la communication à l'école, si on apprenait à échanger en réciprocité, à partager sans vouloir convaincre à tout prix, on saurait enfin se parler, communiquer, c'est-à-dire mettre en commun, sans toujours vouloir avoir raison, et qu'ainsi il y aurait moins d'incompréhensions et donc moins de violences de par le monde.

Ainsi, sur cette planète, cohabitaient en paix des croyances très différentes. Le souci principal de chacun était de pouvoir rester en accord avec les siennes. Chacun pouvait vivre en bonne entente avec ses voisins et même avec des étrangers venus d'autres pays, car chaque croyance se vivait sur un plan personnel, en relation directe avec la foi qui habitait celui ou celle qui la détenait. Chaque croyance faisait partie de la vie intime de chacun, sans déborder ni empiéter sur la croyance des autres, sans nuire à celles des uns et des autres.

Mais comme personne ne souhaitait confondre ce qui était de l'ordre du savoir et ce qui relevait de la croyance, il y avait chaque année sur cette planète un grand rassemblement où l'on pouvait apporter et partager les connaissances et les découvertes faites durant l'année écoulée. En effet, on avait décidé d'appeler « savoir » un ensemble de connaissances confirmées par l'observation rigoureuse de scientifiques relevant des différentes grandes disciplines enseignées sur cette planète, comme les mathématiques, la physique, la chimie, l'astronomie, l'anthropologie, la médecine et la psychologie.

Vous allez me demander comment ils faisaient la différence entre savoir et croire ? Le savoir passait à la fois par l'expérience personnelle et par la mise en commun, la confrontation avec des recherches entreprises et dirigées par des chercheurs. Le savoir s'appuyait sur la capacité de chacun à comprendre le monde qui l'entourait en faisant appel aux ressources de ses cinq sens – la vue, l'odorat, l'ouïe, le toucher, le goût – et à la parole, auxquels venaient s'ajouter parfois l'intuition ou le génie propre à tel ou tel individu. Pour ce qui relevait de la croyance, ce qui dominait c'était le témoignage intime de ceux qui se sentaient portés par leur croyance et la foi qui les habitait.

Et, bien sûr, il y avait souvent des décalages entre les certitudes toujours relatives, car sans cesse en évolution, liées aux savoirs, et les certitudes absolues, qui semblaient acquises à jamais, profondément inscrites, liées aux croyances et à la foi. Ainsi, certains sur cette planète étaient persuadés que l'origine des êtres vivants remontait à la création du monde par leur dieu, tandis que ceux qui avaient un savoir fondé sur l'observation, l'analyse et la mise en relation de différents signes découvraient que leur humanité venait de très loin, peut-être même de la poussière des étoiles.

Cependant, je dois vous dire que sur cette planète, croyances et savoirs cohabitaient et évoluaient ensemble, avec des réajustements, des confrontations et des ouvertures qui donnaient à chacun la liberté de se sentir responsable de ses propres choix de vie.

Le conte du petit raton laveur qui était plein de désirs

Comme vous le savez peut-être ou pas du tout, certains petits ratons laveurs ont la tête, le corps et même le cœur remplis de désirs.

Des désirs, tous les êtres vivants en ont, du moins je le crois. Mais je peux imaginer que les désirs d'une fourmi sont très différents de ceux d'un éléphant, et que les désirs d'un petit garçon n'ont rien de comparable avec ceux d'un petit raton laveur !

Avoir des désirs, c'est le signe qu'il y a de la VIE en nous, que l'on est vivant. Nous avons des désirs le jour comme la nuit. Le jour en désirant des choses réelles, proches ou plus lointaines, la nuit en rêvant à des choses parfois réelles et à d'autres qui n'existent que dans nos songes.

Un désir, c'est comme un moteur à l'intérieur de nous qui nous pousse, qui nous fait avancer vers quelque chose que l'on voudrait toucher, obtenir ou avoir. Et surtout posséder rien que pour soi !

Ce quelque chose peut être un objet : « Je voudrais avoir ce vélo ou cette voiture ou ce jouet. » Ce quelque chose peut aussi être un geste, une attention que l'on souhaiterait recevoir de la part d'une personne précise : « Je voudrais que maman me prenne dans ses bras, je désire que papa soit à la maison plus souvent ou qu'il crie moins fort, que mon frère soit plus gentil avec moi, que ma sœur accepte de ne pas passer trop de temps dans la salle de bain. »

Un désir peut aussi concerner un sentiment que l'on voudrait tourné dans notre direction. « Je désire que Rose-Marie, qui est en classe avec moi, m'aime », souhaitera tel petit garçon. « Je voudrais que Kevin, qui fait du judo dans le même club que moi, me demande d'être sa petite amie », désirera telle petite fille. « Je voudrais découvrir toutes les rivières et tous les lacs du monde », rêvera tel petit raton laveur qui s'ennuie au bord d'un tout petit lac très humide.

Comme vous le voyez, les désirs sont innombrables, on pourrait en dresser une liste qui, à elle seule, remplirait tout ce recueil de contes.

Mais ce qu'il est important de savoir avant tout, c'est qu'il ne faut pas confondre le désir, qui est dans notre tête, dans notre corps ou dans notre cœur, avec sa réalisation. C'est ce qui explique que beaucoup de désirs ne seront pas comblés, certains vont rester dans notre imaginaire, au bord de nos lèvres, dans nos yeux, dans nos rêves ou dans le silence de notre corps.

C'est pour cela que le petit raton laveur dont je veux vous parler et qui, comme vous le savez déjà, avait tout plein de désirs en lui, ce petit raton laveur-là était dans une grande souffrance. Car sa maman comme son papa n'avaient pas toujours le temps, les moyens ou la volonté de réaliser ses désirs ! Ils se sentaient débordés par tous les désirs de cet enfant et en plus ils pensaient que certains de ces désirs étaient soit impossibles à satisfaire, soit pas bons pour lui.

Ce petit raton laveur s'appelait Klak-Klac, j'ai oublié de vous le dire. Quand il avait un désir, c'est-à-dire tout le temps, à n'importe quel moment de la journée, il aurait voulu que ce désir se réalise tout de suite. Tout se passait comme s'il ne pouvait pas attendre : « Je veux une deuxième boule de glace, donc on doit me la servir immédiatement ! Je veux avoir un petit chien, donc papa ou maman doivent s'arranger pour me donner un petit chien qui sera gentil avec moi, qui n'obéira qu'à moi, qui dormira dans ma chambre, qui n'aimera que moi… » Comme vous le voyez, un désir qui ne semble pas grand-chose au départ n'est souvent que l'amorce de toute une série d'autres désirs qui s'enchaînent les uns aux autres jusqu'à devenir un désir énorme, envahissant, impérieux et pour tout dire épuisant.

Ainsi le jour où ce petit raton laveur énonça qu'il ne voulait plus aller à l'école et qu'à partir d'aujourd'hui il ne mangerait que des cacahuètes, qu'il ne voulait plus se laver les dents ni se peigner, et qu'il vivrait sa vie non pas le jour mais la nuit… Vous pouvez imaginer ce qu'il déclencha dans sa famille.

– Non, je ne veux plus aller à l'école, je m'ennuie, le maître n'est pas gentil, moi je n'aime pas les autres élèves et d'abord il faut se lever trop tôt, j'ai encore sommeil, je n'aime pas rester assis pendant une heure, je trouve qu'on perd son temps. De toute façon, je n'ai pas besoin d'apprendre des choses qui ne servent à rien et en plus quand je veux savoir quelque chose, je peux aller sur Internet. Il y a tout sur Internet et surtout plein de jeux marrants et passionnants…

J'arrête là, car ce petit raton laveur pouvait être intarissable pour tenter de faire la preuve que l'école ne servait rigoureusement à rien, qu'on y perdait son temps, qu'il y avait plein d'autres choses passionnantes à faire dans la vie…

En fait, les désirs de Klak-Klac s'exprimaient uniquement sur deux modes : « Je veux ! » ou « Je ne veux pas ! »

Vous pouvez imaginer la vie de souffrance de Klak-Klac, parce que la réalité qui l'entourait n'était pas prévue pour se mettre au service de ses désirs. Il était donc en permanence malheureux, puisque sans arrêt frustré : le monde refusait de tourner autour de son nombril !

C'est la rencontre avec une petite musaraigne qui lui sauva en quelque sorte la vie, car quelques semaines plus tard, le petit raton laveur avait compris que c'était bon, finalement, d'avoir des désirs, mais qu'ils n'étaient pas tous réalisables et que même si un de ses désirs ne se réalisait pas, il ne valait pas moins ou plus, il était toujours le même petit raton laveur.

Vous allez, j'en suis sûr, me demander ce qui avait bien pu se passer entre la petite musaraigne et le petit raton laveur. Le détail, je ne peux vous le donner, sachez seulement qu'il avait été question d'amour, de beaucoup d'amour entre elle et lui.

Oui, d'amour ! Comme quoi l'amour peut changer, quand même, le comportement de quelqu'un, s'il accepte simplement d'aimer et d'être aimé.

Le conte de la petite linotte mélodieuse qui décida de parler à sa maladie

Il était une fois une petite linotte atteinte d'une maladie grave qui ne voulait pas guérir. Cette linotte s'appelait Lucile, mais tout le monde l'appelait Lucilune, car tous les soirs avant de s'endormir, elle aimait regarder très longuement la lune. Et les soirs où il n'y avait pas de lune, une semaine par mois à peu près, elle mettait sa tête sous les draps et pleurait doucement.

Mais avant d'aller plus loin, je dois vous dire ce qu'est une linotte mélodieuse. C'est un petit oiseau qui mesure à peine douze à quatorze centimètres de long, qui pèse de quinze à vingt grammes et dont la durée de vie est de neuf ans. Sa couleur naturelle est celle de la terre, car cet oiseau passe l'essentiel de son temps au sol, à chercher sa nourriture. Mais au printemps les linottes mélodieuses mâles deviennent rouge écarlate pour attirer les linottes jeunes filles. Les mâles ont un gazouillis très charmant, très mélodieux, qui fuse de toutes parts, tellement ils sont impatients d'attirer l'attention et d'intéresser ainsi les femelles.

Vous l'avez compris, la linotte mélodieuse est un oiseau qui chante beaucoup, qui est très remuant et aussi très distrait. En effet, en quelques secondes il oublie ce qu'il vient de faire l'instant d'avant ! D'où l'expression « tête de linotte ». C'est ainsi que l'on appelle chez les humains quelqu'un qui est très distrait, qui oublie l'endroit où sont les affaires qu'il a pourtant déposées tout près, deux minutes auparavant !

Eh bien, la linotte dont je veux vous parler n'était pas du tout distraite, elle se rappelait tout ce qui lui était arrivé, elle n'oubliait rien et gardait tout en elle.

Les docteurs avaient tenté de la soigner pour la guérir, peut-être aussi pour la gai-rire, car elle ne riait pas beaucoup ! En vain. Alors, elle qui était très silencieuse décida de parler à sa maladie. Elle chercha un symbole pour la représenter et trouva une minuscule coquille d'escargot qu'elle perça, puis elle récupéra un morceau de fil de soie qui flottait au vent entre deux arbres et mit cette toute petite coquille autour de son cou. Au début, elle posait plein de questions à sa maladie : « Pourquoi es-tu entrée dans mon corps ? Qu'est-ce que je t'ai fait pour que tu viennes me faire du mal ? Qu'est-ce que j'aurais dû faire pour éviter que tu maltraites ma vie ? » Mais comme sa maladie restait silencieuse, elle prit une autre décision. Elle arrêta de poser des questions et elle se mit à lui parler d'elle-même. Elle lui raconta tout ce qu'elle ne pouvait dire à ses parents ou à ses amies. Elle lui parla de ses rêves, de ses projets, d'un garçon linotte qu'elle aimait beaucoup et de plein d'autres choses qui circulent à toute vitesse dans la tête des petites linottes mélodieuses.

Cette façon de faire peut vous sembler curieuse, à vous qui n'êtes pas malade, mais vous ne pouvez même pas imaginer tous les bienfaits que Lucilune, la petite linotte mélodieuse, en retira.

Enfin elle avait quelqu'un qui l'écoutait, qui l'entendait, qui ne lui reprochait rien, ne la jugeait pas ni ne la contredisait, quelqu'un qui semblait toujours d'accord avec ce qu'elle disait et surtout qui était là à tout instant. Sa maladie devint un vrai compagnon pour Lucilune. Peut-être allez-vous penser que, dans ces conditions, la maladie risque de s'attacher au malade et de ne plus le lâcher ! Eh bien, vous n'allez pas me croire, mais en quelques mois la maladie de cette petite linotte mélodieuse régressa beaucoup, lui fit moins mal, pesa moins lourdement sur sa santé. Comme si la petite linotte mélodieuse l'avait apprivoisée, l'avait transformée en amie. Bienfaisante et compréhensive.

Bien sûr sa maladie n'avait pas totalement disparu, mais elle causait moins de dégâts, produisait moins de souffrance dans son corps.

Je ne peux vous en dire plus, car je ne sais pas encore à ce jour si la petite linotte a pu dire à sa maladie tout ce qu'elle n'avait jamais dit à personne. Il me semble cependant que si on peut mettre des mots sur ce qui nous est arrivé de difficile dans l'existence, alors on aura moins besoin de mettre des maux en nous. C'est du moins ce qui arrive souvent chez les humains !

Comment, au pays des grillons, un miracle peut-il se produire ?

Elle s'appelait Marine et son frère aîné Éric. La mission confiée à Éric le petit grillon par leur maman grillonne était qu'il devait accompagner sa petite sœur à l'école tous les jours de classe et l'attendre à la sortie pour la ramener à la maison. Les deux écoles que fréquentaient ce petit grillon et cette petite grillonne se situaient dans la même rue, mais l'une en face de l'autre. Ce qui fait que la responsabilité donnée à Éric ne lui pesait guère, qu'il accomplissait cette mission sans contrainte aucune et même avec beaucoup de plaisir car il aimait d'une grande tendresse sa sœur.

La règle implicite qu'ils avaient établie entre eux était qu'Éric, qui sortait toujours en avance, devait traverser la rue et attendre sa sœur tout près du portail de son école et qu'ensuite, en lui tenant la main, ils retraversaient ensemble la rue pour rentrer à la maison.

Mais ce jour-là, qui était aussi le premier jour du printemps, Éric sortit en retard de sa classe. Marine était déjà là, elle l'attendait au bord du trottoir, tout près du portail de son école, comme prévu. Car sa maman lui avait bien dit de ne jamais traverser la rue sans que son frère ne lui tienne la main.

Au pays des grillons, les mamans sont souvent inquiètes et ont pour habitude de déposer leurs peurs sur leurs enfants en leur demandant de tout faire pour qu'elles soient moins inquiètes !

Ce jour-là, quand la petite grillonne vit son frère sur le trottoir d'en face, elle oublia toutes les consignes reçues et s'élança pour le rejoindre, sans attendre qu'il vienne la chercher, sans avoir besoin qu'il la prenne par la main comme il en avait l'habitude.

Éric avait bien vu la grosse automobile arriver, il aurait voulu crier pour avertir sa sœur, mais aucun son ne sortit de sa gorge. Il entendit les pneus crisser, il vit le corps de sa sœur se soulever et retomber sur le ciment du trottoir. Il y eut comme un grand cri dans son cœur, il s'avança tout tremblant vers sa sœur qui, étendue au sol, ne bougeait pas. Il crut qu'elle était morte et surtout qu'elle était morte par sa faute. Sa première pensée fut : « Que va dire maman ? »

Une ambulance arriva et transporta la petite grillonne qui avait le crâne fendu, ainsi que son frère, très remué, jusqu'aux urgences de l'hôpital le plus proche.

Il y eut beaucoup d'agitation, puis un grand silence, des coups de téléphone, encore de l'agitation avec l'arrivée d'une vieille dame grillon qui s'était brûlée en tombant contre sa cuisinière. Le petit Éric s'était assis par terre, serrant son cartable et celui de sa sœur tout contre lui, le regard vide et la tête pleine de supplications. « Pourvu que ma sœur n'ait pas mal, pourvu qu'elle ne meure pas, pourvu qu'elle puisse rentrer ce soir à la maison, pourvu qu'on ne m'accuse pas d'être responsable de ce qui est arrivé, pourvu qu'on puisse continuer à jouer de nouveau ensemble, pourvu que… »

Quand la maman grillon arriva, on lui demanda d'attendre, car sa fille était toujours en salle d'opération. Elle prit son fils dans ses bras, ne posa pas de question car elle sentait combien il était triste et se sentait coupable. Elle le berça, respira très fort, lui souffla doucement dans le cou des mots doux :

– Je suis là, je suis là, tu as été très courageux, je t'aime très fort !

Puis, soudain, le docteur en blouse verte, avec un masque qui pendait sur sa poitrine, s'approcha de la maman et dit :

– Nous avons stabilisé sa tension, recousu la blessure de sa tête, mais nous ne savons pas encore ce qui a été endommagé ou pas à l'intérieur de son crâne. Nous allons la garder sous surveillance toute la nuit, il vous faut rentrer à la maison, madame, on vous avertira s'il y a du nouveau. Avec les enfants il y a souvent des miracles…

Éric, le petit grillon, n'entendit que cette dernière phrase : « Avec les enfants il y a souvent des miracles ! »

Mais d'où les miracles viennent-ils ? Qui est capable de faire un miracle au pays des grillons ? À qui peut-on demander de faire un miracle ? Peut-être que vous le savez, vous !

Éric, soudain très réveillé, réfléchissait intensément : « Qui fait des miracles ? Peut-être qu'il y a des magasins où l'on en vend ? Je me demande combien peut coûter un bon miracle ? Est-ce que j'ai assez d'économies dans ma tirelire pour acheter un vrai miracle capable de guérir ma sœur ? »

– Je veux rentrer à la maison, dit-il.

– Oui, mon chéri, tu dois être bien secoué par ce qui est arrivé à ta sœur, je vais t'emmener tout de suite et puis je reviendrai, je vais dormir à l'hôpital pour être là quand ta sœur se réveillera. Ce soir papa s'occupera de toi, il faut être très sage parce que nous avons beaucoup de soucis.

Mais, vous l'avez compris, Éric le petit grillon voulait rentrer à la maison pour casser sa tirelire et partir en ville chercher un magasin ou trouver quelqu'un à qui il pourrait acheter un très beau miracle qui guérirait sa sœur.

C'est ainsi que, ce soir-là, les habitants de cette petite ville croisèrent un petit grillon qui leur demandait :

– Pardon, madame, pardon, monsieur, est-ce que vous sauriez où je peux acheter un miracle qui guérirait ma sœur qui a eu un accident très grave en sortant de l'école ?

Certains s'arrêtaient pour l'écouter, lui posaient affectueusement la main sur la tête et disaient pour la plupart :

– Mon petit, les miracles ne sont pas à vendre. Ils arrivent on ne sait d'où, mais surtout il faut avoir la foi !

– C'est quoi la foi ?

– C'est quand on croit que quelqu'un ou quelque chose là-haut (en général, ils montraient le ciel) peut nous entendre, a pitié de notre souffrance et va d'un seul coup réparer tout le mal qu'il y a en nous. Quelqu'un de tout-puissant, rempli d'amour, qui va faire que tout redevienne comme avant que le malheur ne nous arrive.

– Alors vous me dites que mon argent ne servira à rien, qu'on ne peut pas acheter de miracle ? À qui dois-je m'adresser alors ? Vous me dites que c'est là-haut, je ne vois rien.

– Tout dépend de ta croyance ! Si tu crois qu'il y a un Dieu, si tu as en toi la certitude qu'il peut t'entendre et faire quelque chose pour toi, alors fais-lui une demande. Si tu crois qu'il y a un saint ou une sainte pleine d'amour et de compassion, peut-être que ce saint ou cette sainte accomplira un miracle qui guérira ta sœur, à condition que tu le lui demandes avec beaucoup de sincérité.

– Mais si on ne croit en rien, que se passe-t-il ?

– On croit toujours en quelque chose, écoute bien en toi. Je suis sûr, lui dit un vieux grillon qui passait à ce moment-là, que tu as une croyance très solide tout au fond de toi, une croyance qui n'appartient qu'à toi. Par exemple la croyance dans tout l'amour qu'il y a en toi et dans le monde !

– Moi je crois en l'amour de ma maman et un peu en celui de mon papa, qui est souvent absent.

– Eh bien, voilà, pense très très fort à l'amour de ta maman pour sa fille, pense aussi à ton amour à toi pour ta sœur. Essaie par toutes tes pensées, toutes tes énergies, tout l'amour que tu as en toi de soutenir l'amour de ta maman, pour le rendre plus vivant encore.

Je ne saurais vous en dire plus. Ce que je sais, c'est que rentré chez lui, Éric le petit grillon ne put s'endormir. Il rassembla tout l'amour qu'il y avait en lui et en fit un gros paquet qu'il donna le lendemain à sa maman en lui disant :

– C'est pour toi, j'ai mis dans ce sac tout l'amour que j'ai pour Marine, pour toi, maman, pour papa, pour mamie, pour mon doudou préféré, pour ma copine Marion et je voudrais que tu l'ajoutes à celui que toi tu as pour ta fille Marine, pour ton mari, pour ton père, pour moi ! Je voudrais que tout cet amour, tu puisses le déposer doucement sur Marine qui est à l'hôpital dans le coma. Je crois qu'elle a besoin de tout l'amour de ceux qui l'aiment pour guérir. On m'a dit que cela pouvait déclencher un miracle… et moi j'ai besoin de le croire, aide-moi, maman, à le croire !

Le lendemain la petite grillonne sortit du coma, se réveilla et quelques jours après elle sautillait sur le chemin de l'école, accompagnée par son grand frère, tout heureux d'avoir pu créer et offrir un miracle à sa sœur. Il paraît que l'on appelle cela le « miracle de l'amour ».

Un autre conte à dormir debout

« Mon coquin de fils, me racontait ce papa cigogne, ne veut jamais s'endormir. Et quand il dort, il dort mal, ce qui fait qu'il se réveille souvent et surtout tôt le matin. Alors il vient dans ma chambre, saute sur mon lit, me secoue pour me réveiller et commence à me parler, car il a toujours quelque chose à me raconter.

Hier soir, j'ai tenté de lui lire le conte du *Petit Chaperon rouge*, rien à faire ! Dès que le Chaperon avait fait cent mètres dans la forêt, mon petit cigogneau poussait des cris de protestation en réclamant autre chose, sans égards pour moi qui avais travaillé dix heures au bureau, essuyé trois plaintes de mon patron, reçu deux avertissements de mon banquier qui voyait mon compte descendre dans le rouge. En plus ma femme s'était mise en colère parce que j'étais rentré plus tard du travail ! J'étais vraiment dégoûté en l'entendant me dire, à peine avais-je mis les pattes dans le salon :

– Va endormir le gosse !

J'ai cru que mes nerfs allaient lâcher, que j'allais exploser, et pourtant je suis habituellement un mari et un père très calme, enfin la plupart du temps, sauf quand je me fâche, et ce soir-là, ma fâcherie n'était pas très loin !

D'habitude, mon fils s'endort au premier chapitre, mais là, pas de chance, il en avait assez du Petit Chaperon, de sa grand-mère, et même du loup ! C'est clair, ce qu'il voulait, c'était un truc nouveau, quelque chose que tous les pères devraient savoir inventer pour endormir leurs gosses. Tous, sauf moi.

Je n'ai jamais eu d'imagination, même en amour j'ai choisi la première venue, une cigogne aux yeux bleus, un peu plus de vingt ans, de belles ailes, taille moyenne, intelligence moyenne, salaire moyen. C'est ce qui me convenait le mieux. Question nourriture, je ne suis pas difficile, je n'aime que les steaks à point, les pâtes *al dente* ou les frites, les tartelettes aux fraises, les fromages à pâte mi-molle et un peu de vin rouge. Et ça suffit à mon bonheur. Si en plus il y a un bon film à la télévision, je ne demande rien d'autre, je suis heureux et comme ma femme m'aime, elle sait qu'elle doit rester silencieuse quand je regarde un film passionnant. Moi, je suis comme ça, une cigogne mâle toute simple, on ne me refera pas !

Et voici que mon fils insistait :

– Papa, une histoire ! Une vraie histoire ! Une que toi seul connais !

Eh bien, moi qui sais pourtant beaucoup de choses, je ne connaissais pas d'histoire que j'étais seul à connaître ! Je savais juste lire les petits livres que ma femme achetait pour notre fils. Des livres qui traînaient dans sa chambre, mais malheureusement il les savait tous par cœur. Quand je tournais la page, il me devançait en récitant ce qui venait juste après. J'étais désespéré.

Tout à coup, j'ai eu une illumination, je ne sais pas d'où l'idée a bien pu me venir, toujours est-il que je lui ai dit :

– Tu connais l'histoire du clown trompettiste ?

J'avais lancé ça comme ça, sans savoir ce que j'allais bien pouvoir inventer ensuite.

– Raconte, raconte, qu'il a dit en se soulevant sur un coude.

J'étais bien embêté.

– Eh bien, c'est l'histoire d'un clown qui ne savait pas jouer de la musique et qui ne faisait rire personne.

Mon fils a pris un air désolé, parce que pour un enfant, la vocation première d'un clown, c'est de faire rire. Moi, ce soir-là, j'étais plutôt du genre clown triste et fatigué qui ne demandait qu'à aller s'écrouler sur son lit et s'endormir sur-le-champ.

– Continue, papa.

Je ne pouvais plus y échapper.

– Un jour, une brave fée est arrivée et a dit au clown triste : “ Sèche tes larmes, je vais t'apprendre à aimer à nouveau la vie et à jouer d'un instrument !” Et elle lui a tendu une belle trompette toute neuve et toute brillante. “Il faut souffler dedans, lui a-t-elle dit. – Mais

je ne connais pas le solfège, a répondu le clown triste.
– Pas besoin, c'est l'avantage des clowns de pouvoir jouer n'importe quoi. Plus c'est faux, et plus les enfants rient", a-t-elle ajouté. Le clown a essuyé une larme qui coulait sur son pantalon et a soufflé de toutes ses forces. "Bravo, a dit la gentille fée. Maintenant, tu fais le même exercice, mais en montant sur ta trottinette…"

– Mais il va se casser la figure ! a ajouté mon fils qui suivait l'histoire mot après mot. Et après ?

– Après, il a fait un tour de piste, mais au troisième, il a déclaré forfait et a dit à la fée : "On ne pourrait pas remplacer la trompette par un autre instrument plus léger ? – Si tu veux", a dit la fée. Alors, elle a sorti un bel harmonica tout neuf de sa baguette magique et l'a tendu au clown triste qui s'était assis par terre, les jambes croisées, tant il était épuisé. Ensuite…

Ensuite, tout ce que je sais, c'est que je me suis réveillé une heure plus tard au pied du lit de mon fils endormi. Ma femme a dit :

– C'est bien la peine que je t'envoie endormir le petit pour que tu t'endormes avant lui !

Le lendemain, mon fils m'a demandé :

– Papa, n'oublie pas de me raconter la suite, elle est trop cool, ton histoire ! »

Le conte du petit miracle si fragile qu'on ne pouvait le toucher

Tout d'abord, il faut que je vous dise qu'il y a beaucoup de peuples, de cultures, de religions différentes sur notre planète, mais surtout deux sortes de personnes : celles qui croient aux miracles et celles qui n'y croient pas.

Pour celles qui n'y croient pas, c'est simple, elles pensent qu'il existe toujours, pour tout événement, pour toute chose qui arrive sur cette planète ou dans notre vie, une explication logique. Que tout phénomène est le résultat d'un ensemble de causes. Soit une cause ou une série de causes visibles, tout de suite compréhensibles, soit une cause ou un enchaînement de causes plus complexes, dont il faut rechercher longuement et laborieusement les tenants et aboutissants pour pouvoir démontrer, preuve à l'appui, que si ce qui n'aurait jamais dû se produire arrive quand même, cela ne peut s'expliquer et se justifier que pour telles et telles raisons !

Voici un exemple – tel que se le représentent certaines personnes – d'un événement qui aurait pu avoir des conséquences dramatiques et qui, pour une raison simple ou plus complexe, suivant le point de vue adopté, peut être considéré comme heureux.

Un enfant qui s'élançait pour traverser la rue, sans avoir regardé à droite et à gauche, n'a pas été renversé par la voiture qui arrivait à toute vitesse et qui aurait dû le faucher comme un brin d'herbe. Le conducteur de cette voiture n'avait pourtant aucune visibilité et ne pouvait – cela est certain – éviter l'enfant, mais au dernier moment il a fait faire à sa voiture un écart, il est passé à quelques millimètres de la tête de l'enfant sans le toucher ! L'un affirmera que c'était un bon conducteur, l'autre dira de l'enfant que son heure n'avait pas sonné. Un tiers supposera que l'enfant, même s'il ne pouvait pas voir la voiture, a senti quelque chose de menaçant et s'est rejeté en arrière au dernier moment, évitant de se faire écraser.

Pour chacune de ces personnes à la logique imparable, ce que d'autres appelleraient un « miracle » n'est que le résultat d'un enchaînement de circonstances, de faits, d'actions visibles ou moins visibles mais parfaitement explicables pour peu que l'on se donne la peine de chercher et de reconnaître que nous vivons dans un monde concret, matériel, régi par des lois physiques et biologiques, et donc que tout ce qui arrive peut s'expliquer sans chercher ailleurs. Et parmi ces personnes, certaines se font un devoir de démontrer, arguments à l'appui, que ce qu'on appelle naïvement un « miracle » n'est que le résultat d'un concours de circonstances lié au hasard ou d'un « truc » caché, voire d'une tromperie savamment orchestrée s'appuyant sur la crédulité de ceux qui croient… aux miracles. C'est-à-dire tous ceux qui ne pensent pas comme eux !

Mais certaines personnes – et elles sont nombreuses, il faut le dire – croient aux miracles. Parmi ces personnes il y a quand même plusieurs catégories, nettement séparées et parfois antagonistes.

Il y a celles qui pensent qu'un miracle arrive grâce à une intervention divine. Par exemple par l'action bienveillante d'un ange ou d'un saint, voire de quelqu'un de plus haut placé dans la hiérarchie des cieux. Un être tout-puissant qui serait situé dans l'au-delà, hors du monde matériel et qui interviendrait spécialement pour eux. Pour leur éviter de mourir ou de se retrouver infirmes à jamais. Pour guérir leur enfant qui était condamné. « Seul un miracle lui a permis de survivre », dira telle ou telle personne appartenant à ce groupe. En général ces personnes imaginent qu'elles ont été entendues par un être bienveillant, un être lié à leur croyance, qui a décidé par lui-même d'accomplir quelque chose d'extraordinaire, pour eux et uniquement pour eux. Ces personnes ne sont pas restées sans rien faire, elles ont prié, elles ont puisé dans leur foi, invoqué leur dieu, lequel, selon leur croyance, a répondu par une intervention qui ne s'explique pas, qui se manifeste et se constate par un résultat observable. Le divin, à leurs yeux, étant non seulement bienveillant mais tout-puissant, peut par amour transformer une réalité douloureuse ou invivable en supprimant le malheur, en faisant revenir la santé, en déviant un danger qu'on croyait inévitable. Il y a dans le domaine de l'amour beaucoup de croyances autour du miracle qui fait se rencontrer tel homme et telle femme.

« Jamais je n'aurais dû rencontrer la femme que j'aime, m'a dit cet homme. Nous venions de pays, de métiers et de cultures différents, et pourtant je l'ai croisée une première fois dans un avion qui arrivait en France et deux jours après nous reprenions, elle et moi, le même avion, pour des raisons totalement différentes : moi je devais repartir à Vienne pour signer un contrat commercial important entre mon pays et l'Autriche, et elle devait rentrer précipitamment pour remplacer une chanteuse malade, qui avait le rôle de la Reine de la Nuit dans *La Flûte enchantée* qui se jouait à l'Opéra de Vienne, le lendemain soir. Elle était soprano, connaissait le rôle et se sentait capable de chanter cette œuvre au pied levé. Dans l'avion nous étions assis l'un près de l'autre, elle m'a dit sa joie de chanter à Vienne, je lui ai parlé de mon métier, nous avons dîné ensemble et depuis, nous ne nous sommes plus quittés. »

Quel est le fil secret, miraculeux qui fait se rencontrer deux fois à deux jours d'intervalle et s'aimer un homme et une femme issus de deux mondes différents ? Une femme et un homme qui vont se trouver là au même endroit et au même instant, qui vont se parler, être attirés l'un par l'autre et qui vont s'aimer et peut-être un jour se séparer, malgré les circonstances quasi magiques et merveilleuses de leur rencontre !

Certains – car notre planète est habitée par des hommes et des femmes qui ont des croyances très différentes – remplacent Dieu ou les saints par une fée, par un sorcier, par un chamane ou encore par un être extraterrestre qui serait doué du pouvoir d'influer sur la réalité pour permettre la satisfaction de leurs désirs, de supprimer leur souffrance, de faire disparaître leurs problèmes et bien d'autres choses encore.

Et puis il y a ceux, plus rares, qui pensent que la VIE qui est en chacun est porteuse de miracles, c'est-à-dire d'événements, de circonstances qui vont changer quelque chose dans l'existence d'un homme ou d'une femme, quelque chose qui va répondre à leurs désirs les plus secrets, qui va leur faire découvrir qu'ils sont eux-mêmes doués de plus de pouvoir et de créativité qu'ils ne le croyaient et sont donc capables, à leur tour, de se guérir, de supprimer la souffrance, d'inventer l'impossible ou de créer un espace privilégié de bonheur.

Mais ce dont je veux vous parler aujourd'hui, c'est de l'histoire d'un petit miracle, un miracle très fragile, qui ne connaissait pas très bien son métier, autrement dit un miracle débutant, qui commençait tout juste son travail miraculeux. Un petit miracle qui faisait ses premiers pas sur la Terre. Il était tombé sur notre planète on ne sait trop comment, venant on ne sait d'où et il s'était retrouvé coincé entre deux branches, sur un arbre pas très grand, mais certainement solide.

Vous pouvez fermer les yeux et essayer d'imaginer quelque chose qui aurait l'apparence d'une grosse bulle transparente, avec un petit bonhomme dedans, la tête en bas, les deux pieds en haut, tout nu. Un être complètement coincé dans sa bulle, celle-ci étant elle-même coincée entre deux grosses branches au sommet d'un bouleau. Le bouleau est un arbre très sympathique, approchez-vous tout près, vous verrez, son écorce se détache facilement et on peut même écrire ou dessiner dessus. Ce que faisaient les Indiens en Amérique, il y a plus d'un siècle.

C'est de cette manière et sous cette apparence que se présenta l'apprenti miracle à un petit garçon qui, l'ayant aperçu en levant les yeux, grimpa sur l'arbre, s'approcha, pencha la tête et demanda :

– Comment t'appelles-tu ? Qu'est-ce que tu fais là ? D'où viens-tu ? Pourquoi as-tu la tête en bas ? Est-ce que tu as mal ?

– Oh là là, répondit le petit miracle, pas trop de questions à la fois, je ne peux répondre qu'à certaines d'entre elles, et encore, je ne sais pas si tu comprendras mes réponses…

– Bon, alors je commence par le plus important, car je suis très curieux. D'où viens-tu ?

– Je ne sais pas exactement d'où je viens, répondit l'apprenti miracle, c'est comme si j'étais tombé d'un nid.

– Un nid de quoi ?

– Un nid à miracles en quelque sorte ! J'étais devenu trop grand, je devais partir comme tous mes camarades d'école et parcourir le monde pour m'exercer à opérer quelques petits miracles, donner l'envie à certaines femmes et à certains hommes d'être plus heureux, de se sentir meilleurs, de découvrir qu'il y a plein de beau et de bon en eux ! Bon, je ne vais pas te réciter la liste de tous les miracles que je peux réaliser, il y en a beaucoup et je ne les connais pas tous. Je ne fais que commencer mon travail, c'est le premier jour et je dois débuter par un petit miracle pour m'entraîner et surtout ne pas commettre d'impair ou d'erreur qui risquerait de le transformer en véritable catastrophe.

– Tu fais des miracles avec des enfants aussi ?

– Oui, avec les enfants ça marche bien, on m'a dit que ça marchait même mieux qu'avec les adultes !

– Mais comment tu es arrivé justement ici, presque à côté de moi ?

– J'ai été poussé par le vent, j'ai eu l'impression de passer à côté de quelque chose de très chaud, puis j'ai été attiré par ta planète. On m'en avait parlé un peu, en me disant de faire attention, qu'il y avait beaucoup de violences, d'injustices, de choses bizarres qui se passaient entre les différents peuples. On m'avait même prévenu que si certains habitants de cette planète me voyaient, ils pourraient me tuer, me fusiller ou m'enfermer dans une cage pour m'étudier, faire des expériences sur moi !

– Alors tu es venu pour t'exercer à faire des miracles ? Est-ce que tu pourrais en faire un avec moi ?

– Oui, si tu es prêt à l'accueillir. Attends, il faut que je me souvienne comment m'y prendre…

Le petit miracle se redressa, sembla réfléchir un long moment puis donna à l'enfant quelques indications simples.

– Écoute mes paroles. Il suffit de fermer les yeux, mais attention, tu dois les garder grands ouverts en toi et surtout regarder tout au fond de toi…

– Oui mais moi, si je ferme les yeux, je vois rien, que du noir, que du noir !

– Au début, oui, c'est tout noir ou confus, mais si tu fais confiance à tes yeux, alors progressivement tu verras des couleurs, des formes, tu sentiras des odeurs, tu entendras des sons. Il faut un peu de temps pour laisser venir vers toi l'inattendu, l'imprévisible. Prends ce temps, moi je reste tout près de toi.

Soudain le petit garçon cessa de poser des questions, il resta très silencieux, attentif, entièrement concentré sur ce qu'il voyait à l'intérieur de lui. Il vit tout au fond de son être une petite boule de couleur, une boule transparente qui palpitait, qui semblait respirer doucement et surtout qui le regardait avec bienveillance et tendresse. Il lui demanda :

– Est-ce que tu me connais ?

– Oui, répondit la petite boule, depuis très longtemps même !

– Depuis quand ?

– Depuis l'instant où tu as été conçu !

– Conçu, qu'est-ce que cela veut dire ?

– Quand ton géniteur, celui que tu appelles ton « père » et ta génitrice, celle que tu appelles ta « mère », ont fait l'amour ensemble, ils ont créé la première petite cellule qui, par la suite, est devenue un embryon, un petit fœtus, qui s'est développé durant neuf mois dans le ventre de ta maman pour devenir, quand tu es sorti de son ventre, le bébé que tu as été, puis le petit garçon que tu es, l'adulte que tu seras bientôt et enfin, plus tard, dans beaucoup d'années, le vieillard que tu deviendras.

– Mais toi, qu'est-ce que tu faisais là depuis le début de ma conception ?

– Rien, presque rien, je te regardais et j'attendais que tu me découvres. Je te regardais vivre, espérant que tu sentes, comme tu le fais maintenant, la VIE, la graine de VIE qui a été déposée en toi. La VIE que je suis et qui se montre aujourd'hui à toi, qui a le désir de vivre longtemps, très longtemps en toi, si tu prends soin de moi !

– Est-ce que je peux te toucher, te prendre dans mes bras ?

– Non, tu ne peux pas me toucher. Je dois rester à l'intérieur de toi, mais tu sais maintenant qu'il t'appartient de prendre soin de moi tout au long de ton existence. Je suis là depuis le début, je serai là jusqu'à ta dernière heure, toujours présent à chaque instant en toi. En quelque sorte, je suis ton meilleur compagnon, c'est pour cela qu'il est important de t'intéresser à moi, de me protéger comme je te protège, de m'aimer un peu ou beaucoup à certains moments…

Le petit garçon à ce moment-là ouvrit les yeux, regarda le petit bonhomme dans sa bulle et lui dit :

– Je crois que tu as réussi ton premier miracle. Je viens de comprendre quelque chose d'extraordinaire, quelque chose que je n'oublierai jamais. Je te souhaite de continuer à pratiquer ton beau métier. Tu vas avoir beaucoup de travail, car nombreux sont les humains sur la Terre qui ont du mal à croire aux miracles et qui ont de la difficulté pour en accueillir un quand il se présente à eux ! J'espère qu'ils apprendront à te reconnaître, qu'ils sauront t'apprivoiser et t'écouter.

Alors le miracle novice, très ému, lui dit :

– C'est à moi de te remercier, car je vais te dire d'où vient le vrai miracle qui a surgi entre nous. Quand tu m'as vu, coincé dans l'arbre, il ne fallait surtout pas me toucher, j'étais très fragile. La bulle dans laquelle j'étais aurait pu éclater comme une bulle de savon qu'on cherche à attraper et je crois que j'aurais disparu, perdu dans l'espace à jamais. Tu sais, les miracles accomplissent des choses extraordinaires, mais ils sont très fragiles. Toi, tu as su me respecter. Je me sens soudain plus léger, plus solide aussi, et regarde, ma bulle se décoince toute seule, je vais m'envoler à nouveau, réaliser ailleurs d'autres miracles…

L'enfant n'eut pas le temps d'ajouter un mot, la bulle s'éleva dans le ciel, le petit bonhomme se retourna, fit un petit geste de la main. Un geste qui voulait peut-être dire : « Je ne te perds pas, je ne te perds pas… »

Le conte du petit lièvre qui voulait faire peur à la peur

Ce petit lièvre que je connais bien avait des comportements très curieux. Je veux dire par là qu'il ne se comportait pas comme la plupart des autres petits lièvres. Par exemple, il pouvait sortir d'un bois à toute vitesse, sans regarder ni à droite ni à gauche, et traverser la route ou même l'autoroute sans se préoccuper de savoir si une voiture ou une moto allait surgir au même moment à toute allure. Il bondissait si haut et si loin qu'on aurait dit un éclair de fourrure blonde.

Quand il rencontrait un obstacle sur son passage, tel qu'un mur ou un grillage, il voulait le franchir à tout prix, sans même savoir ce qu'il trouverait derrière ce mur ou ce grillage ! Tout d'abord il fonçait la tête la première et tentait de grimper quelle que soit la hauteur. S'il n'arrivait pas jusqu'en haut, il pouvait, de rage, ronger le fil de fer du grillage pour s'y frayer un passage ou creuser un tunnel pendant des heures sous le mur jusqu'à parvenir à s'y faufiler. Une fois, il fut capable de parcourir des kilomètres pour contourner un obstacle. Devant un précipice, une faille et même une rivière, il n'hésitait pas, prenait son élan, bondissait de plus en plus vite et sautait !

Combien de fois aurait-il pu se casser les pattes de devant ou celles de derrière qui sont les plus importantes pour un lièvre, car elles sont comme des ressorts très puissants qui lui permettent de faire des bonds fantastiques ! Combien de fois aurait-il pu se noyer en tombant dans l'eau d'un fossé trop large, être emporté dans les remous d'un torrent ou glisser d'un arbre mort abattu en travers d'une rivière et servant de pont à des enfants qui jouaient souvent dessus…

C'est que ce petit lièvre avait un secret difficile à dévoiler. Un secret qu'il n'aurait avoué à personne, surtout pas à ses parents, à son père en particulier, tant il craignait que celui-ci se moque de lui.

En fait, il avait peur de devenir fou. Oui, de perdre la tête. De se réveiller un matin et de ne plus savoir comment il s'appelait ! De ne plus retrouver sa maison, c'est-à-dire le terrier de ses parents ! De tomber malade et de ne plus pouvoir courir et jouer avec ses amis. Sa peur était comme une énorme boule noire – du moins la percevait-il sous cette apparence – qui, un jour, risquait de remplir sa tête, d'occuper tout son esprit et d'envahir toutes ses pensées...

Et quand je vous disais qu'il avait des comportements curieux, en réalité je devrais vous dire qu'en prenant tous les risques que je viens d'évoquer et bien d'autres encore, il tentait, ce petit lièvre, de faire peur à sa peur. Si certains éprouvent du plaisir à se faire des frayeurs, lui voulait terroriser sa peur.

C'était une idée qu'il avait trouvée tout seul, une stratégie qu'il avait ainsi élaborée dans sa tête de petit lièvre : « Si je fais peur à ma peur, elle va partir, me ficher la paix, se séparer de moi, et je retrouverai ma liberté de petit lièvre normal ! » D'où tous ces comportements à risque, toutes ces conduites presque suicidaires qu'il adoptait, ce courage insensé qu'il mobilisait pour tenter d'éloigner, d'effrayer l'énorme, l'imposante peur qui habitait toute sa personne, une peur qui envahissait tout son corps de petit lièvre !

Pensez-vous qu'il soit possible de faire peur à sa peur au point de la convaincre de nous quitter à jamais ? Je laisse à chacun cette question ouverte. Pour ma part, je serais plutôt tenté d'écouter le grand désir qu'il peut y avoir derrière une grande peur. Un désir tellement grand qu'il peut faire peur !

Le conte de la petite fourmi qui parlait toujours très fort

Il était une fois une petite fourmi très rieuse, très vivante, très active, qui savait jouer, dessiner, danser, chanter, faire des cabrioles, grimper aux arbres et qui en plus était capable de rêver pendant des heures. Elle rêvait à ce que serait sa vie quand elle serait grande.

Marielle, cette petite fourmi, je dois vous le confier, avait une curieuse façon de s'exprimer. Elle ne pouvait s'empêcher de s'agiter, de faire du bruit et du tapage, de laisser tomber un objet, de claquer une porte, de parler très fort, voire de crier. Pas toujours d'ailleurs, car quelquefois elle était capable de baisser le ton et de parler d'une voix très douce, de raconter avec beaucoup de détails ce qu'elle faisait en classe, ce qu'elle avait vécu en récréation, ce qu'elle avait découvert sur le chemin de l'école ou bien les rêves qu'elle faisait durant la nuit et aussi, quand elle se sentait en confiance, combien elle aimait Tom, son copain, son amoureux de cœur. D'autres fois, par contre, Marielle se mettait à pousser des cris stridents, à dire des mots qu'elle seule pouvait comprendre, à tourner en rond dans tous les sens, puis à se précipiter vers sa maman, en cherchant à l'immobiliser, en serrant ses jambes l'une contre l'autre de toutes ses forces, comme pour l'empêcher d'avancer et surtout de partir. En se faisant remarquer de la sorte, en essayant d'attirer l'attention sur elle, c'est comme si elle disait : « Voyez, voyez, je suis là, vous ne pouvez pas m'ignorer ou me laisser, vous ne pouvez pas me perdre ! »

Il faut que je vous dise qu'il était arrivé à Marielle une drôle d'aventure. Quelques années auparavant, en accompagnant sa mère dans un grand magasin pour faire des courses, elle s'était retrouvée soudain toute seule, au milieu de grandes personnes qu'elle ne connaissait pas. Et ces grandes personnes, occupées par leurs propres affaires, regardaient les rayons, discutaient entre elles, essayaient des robes, demandaient des conseils aux vendeuses, sans même la voir, sans remarquer cette petite fourmi perdue dans cet immense magasin ! C'est comme si elle n'existait pas, là, toute minuscule au milieu de centaines de pattes. Car elle n'apercevait au-dessus de sa tête que des pattes qu'elle ne reconnaissait pas. Elle voyait des sacs qui pendaient, qui se balançaient au-dessus d'elle et encore des pattes qui parfois manquaient de lui marcher dessus !

Aucun son ne pouvait sortir de sa gorge. Elle était persuadée qu'elle avait été abandonnée par sa mère, toute perdue au milieu de cette agitation qui ressemblait à une mer en furie.

C'est depuis ce jour que Marielle, la petite fourmi, parlait très fort, se mettait à pousser des cris, s'occupait à mille et une choses pour se distraire et ne plus laisser remonter cette peur à la surface, pour tenter d'attirer l'attention de son entourage et surtout de sa maman. Avait-elle peur d'être abandonnée à nouveau, oubliée ou encore perdue au milieu de nulle part sans savoir où elle se trouvait ? Je ne le sais pas, mais ce que je sais, c'est l'invitation que je ferais à la petite Marielle de prendre un peu de temps pour parler à sa maman. De pouvoir lui dire toute la peur, toute l'angoisse qu'elle avait ressentie dans ce magasin. Je lui dirais de se libérer de sa colère aussi qui est derrière cette peur.

Une enfant fourmi ne peut pas vivre en permanence avec des peurs et des colères qui grondent tout à l'intérieur de son ventre. Si vous la rencontrez avant moi, donnez-lui ce conseil, je crois qu'il l'aidera beaucoup.

Le conte de la petite souris qui ne voulait rien voir, rien entendre, rien sentir

Il était une fois une petite souris grise, enfin presque grise parce qu'elle avait un ventre tout blanc, tout satiné, tout doux, dont elle était très fière. Clémence, cette petite souris, vivait dans une famille très spéciale, où les parents étaient en difficulté pour faire précisément une vraie famille.

Dans cette famille le père criait souvent, surtout quand il avait un peu bu, ce qui arrivait au moins deux ou trois fois par semaine. Il n'hésitait jamais à taper sa femme avec les deux pattes de devant quand ce n'était pas avec celles de derrière. Ce mari violent avait toujours un prétexte pour râler et frapper sa femme devant sa fille, la petite souris. Par exemple, pour un oui ou pour un non, il lui reprochait de ne pas savoir tenir la maison, de lui faire honte en allant se plaindre partout dans le voisinage et de n'être pas assez aimante avec lui, surtout au lit ! Et pour bien montrer toute sa colère qui débordait, il explosait et se mettait à casser la vaisselle, à cogner sur les meubles et même à taper avec le balai contre le plafond, en hurlant aux voisins du dessus :

– Et même si vous n'êtes pas contents, vous n'avez qu'à venir me le dire en face, moi je fais ce que je veux chez moi et personne ne m'en empêchera !

C'est d'ailleurs ce dernier petit bout de phrase qui effrayait Clémence, qui la terrifiait : « Je fais ce que je veux chez moi et personne ne m'en empêchera ! » Alors la petite souris se disait : « Si personne ne peut empêcher papa de faire ce qu'il veut, alors il peut tout faire ! Ce qui veut dire que tout peut arriver. Il peut même tuer maman, si ça se trouve, et ma sœur ou mon frère et peut-être moi aussi, même s'il prétend qu'il m'aime quand il n'a pas bu ! » Imaginez donc tout ce qui se passait dans la tête et dans le cœur de Clémence quand elle était dans son lit le soir. Et pas seulement le soir, d'ailleurs, mais aussi sur le chemin de l'école ou en classe, quand elle ne parvenait plus à écouter sa maîtresse parce qu'elle entendait dans ses oreilles les pleurs de sa maman et qu'elle aurait voulu rentrer chez elle pour vérifier qu'elle était bien toujours vivante !

Ce que vous ne savez peut-être pas, c'est que les enfants souris ont beaucoup de ressources en eux. Quand on les voit de loin ou même de près, ils paraissent fragiles et faibles, mais quand ils doivent affronter tellement de choses difficiles ou imprévues dans leur vie, alors, comme beaucoup d'enfants, ils découvrent où leur corps met en place différents moyens de se protéger, de résister, de se défendre, c'est-à-dire de faire face, à leur manière, à tout ce qui peut surgir dans leur existence.

Et le moyen qu'avait fini par trouver Clémence, c'était de se boucher les oreilles, de fermer ses yeux à l'intérieur d'elle, de tout barricader, pour ne rien entendre, ne rien voir et même ne rien sentir. Ne croyez pas que cela soit aussi facile ! Essayez et vous allez vous rendre compte que même en vous bouchant les oreilles vous entendez quand même quelques sons, qu'en fermant vos yeux vous voyez quand même un peu de lumière, des taches de couleur sous vos paupières, et qu'en crispant votre corps de toutes vos forces pour ne rien sentir, vous sentez quand même plein de choses en vous, dans votre ventre, dans votre cœur et surtout dans votre esprit.

Mais quand on a vraiment peur ou qu'on est terrorisé comme Clémence l'était, le corps parvient à s'anesthésier et à se couper de ses sensations.

C'est ainsi que Clémence survivait. Survivre, ce n'est pas vivre, c'est seulement tenter de garder la tête hors de l'eau pour ne pas se noyer.

Pourtant, il y a quelque chose qu'on ne peut s'empêcher d'entendre – même chez les souris –, c'est ce qui se passe dans la tête. Ce sont toutes les pensées qui tourbillonnent à toute vitesse, qui partent et qui reviennent, ce sont les souvenirs dont on garde la trace à travers quelques images, ce sont les paroles, les événements qui ont traversé notre vie. Et tout ça se mélange et s'entrechoque en faisant beaucoup de bruit, tout à l'intérieur, tout cela reste présent à chaque instant dans la vie d'un enfant.

Clémence découvrait que lorsqu'on ne veut pas laisser entrer tout le mauvais qui existe à l'extérieur de soi, c'est à ce moment-là que tout ce qui est déjà à l'intérieur prend beaucoup de place, sous la forme de pensées, de sentiments négatifs, d'éclairs de colère, de tempêtes de tristesse qui envahissent quand même tout le corps.

Clémence aurait voulu qu'au moins l'un ou l'autre de ces deux vœux se réalise : que son père arrête de boire ou que sa maman puisse trouver le courage de quitter son mari. Mais ni son père ni sa mère n'étaient vraiment prêts à faire quelque chose pour que la situation change ! Ils étaient mal ensemble, mais incapables de se séparer tellement ils avaient un besoin maladif l'un de l'autre !

Comme cette situation était devenue invivable, Clémence, à certains moments, avait envie de mettre fin à sa vie. Oh, ne croyez pas qu'elle avait envie de se tuer, non, pas du tout, mais elle avait très envie de ne plus vivre l'existence qu'elle menait, coincée entre la violence de son père et la passivité de sa mère. Elle pensait parfois qu'elle pourrait partir, fuguer, s'évader de chez elle, s'éloigner, quitter son quartier, sa ville. Oui, se cacher dans un bateau et partir très loin, dans un autre pays !

Mais elle trouva une autre solution, une autre façon de s'enfuir sans fuir.

Un jour, elle imagina qu'elle avait une autre famille, une vraie famille, semblable à ses voisins. Un couple qui vivait tout proche, mais sans enfant, dans une grande maison, de l'autre côté de la rue. Elle s'inventa une nouvelle famille, avec un nouveau prénom qu'elle choisit elle-même : Eva. Dans cette famille, elle se sentait accueillie, choyée. Elle adorait quand sa nouvelle maman lui demandait ce qu'elle voulait manger ce soir, ce qui lui ferait plaisir pour dimanche prochain. Son nouveau papa la prenait sur ses genoux, lui racontait des histoires qui les faisaient rire tous les deux.

Je crois que chacun d'entre vous peut imaginer la vie rêvée d'Eva, tout le bon qu'elle recevait dans son nouveau foyer, même si cette famille de substitution n'existait que dans son imagination.

Ainsi Clémence, devenue Eva grâce au secours de son imaginaire, put continuer de grandir sans trop souffrir de vivre dans la proximité un peu trop toxique d'un père alcoolique et d'une mère trop faible pour prendre la décision de se respecter.

Je vous le disais tout au début, les enfants souris ont plus de ressources que nous les humains ne pouvons le concevoir. Ce conte est une invitation à essayer de découvrir en chacun de nous nos propres forces, nos qualités en jachère, nos dons non éveillés qui sont plus importants qu'on ne le croit habituellement.

Le conte du petit caribou qui ne voulait plus aller à l'école

Il était une fois, une seule fois, un petit caribou qui ne voulait plus aller à l'école. Ce qui est très rare, car en général les enfants caribous adorent aller en classe où ils font plein de découvertes très utiles pour leur vie à venir.

Jordan, le petit caribou, disait à ses parents et à tous ceux qu'il connaissait :

– Je perds mon temps, je m'ennuie, je n'apprends rien, je voudrais faire quelque chose qui m'intéresse réellement !

Vous pensez bien que ses parents n'étaient pas d'accord et tous les matins c'était une sorte de guerre entre sa maman et lui. Tout d'abord il refusait de se lever en faisant semblant de dormir. Ne voulant pas sortir de son lit, il se laissait tirer par les pieds et résistait tant qu'il pouvait pour s'habiller.

– J'ai pas envie de m'habiller, criait-il, je préfère aller tout nu à l'école !

Ensuite il ne voulait pas prendre son petit déjeuner.

– Je n'ai pas faim, ce n'est pas la peine de me forcer !

Il traînait les pattes sur le chemin de l'école et parfois même se laissait porter par sa mère, qui le déposait dans la cour de l'école où il restait assis par terre dans un coin. Son institutrice, qu'il aimait bien, l'invitait à se lever et lui donnait une responsabilité qui le valorisait : elle l'envoyait chercher des cahiers dans le bureau du directeur. À ce moment-là il s'exécutait sans plus de manières, puis revenait et s'installait à sa table. Dans ses yeux on voyait passer comme des images de torrents cristallins, de forêts profondes, de collines bleutées et de montagnes blanches.

Ses parents étaient catastrophés, sa mère épuisée, le père ne sachant plus que faire, que dire, sinon se mettre en colère, secouer le petit caribou, le punir de télévision, de jeux vidéo, de sorties, de dessert… Rien n'y faisait.

Ce petit caribou était vraiment têtu, il savait bien ce qu'il voulait et surtout ce qu'il ne voulait pas !

Certains jours, il allait en classe à reculons, en tournant le dos au chemin de l'école pour ne pas se mettre à pleurer.

Un dimanche matin, son grand-père préféré vint très tôt à la maison, réveilla Jordan et l'invita à venir avec lui à la pêche. Arrivés au bord de la rivière, le grand-père jeta dans l'eau quelques appâts, installa ses trois lignes, sa chaise pliante, rabattit son chapeau sur ses yeux et s'endormit. Quand le petit caribou vit soudain le bouchon d'une des lignes s'enfoncer, avec certainement un poisson au bout de l'hameçon, il tira la ligne, l'éleva, essaya de ramener à lui le gros poisson qui frétillait au bout en faisant avec sa queue des tourbillons. Mais brusquement, au moment où il allait le saisir, le poisson ouvrit la bouche, l'hameçon se décrocha et resta suspendu au-dessus du courant, sans rien au bout.

Je crois savoir que le poisson, étonné d'être toujours vivant, se jura à lui-même qu'on ne le tromperait plus avec un faux appât déguisé en hameçon !

Sous son chapeau, faisant semblant de dormir, le grand-père avait vu toute la scène, mais il avait décidé de ne pas intervenir, laissant son petit-fils faire ses propres découvertes. C'est une des spécialités des grands-pères, chez les caribous, de permettre à leurs petits-enfants de découvrir les possibles de l'existence ! Au bout d'un long moment, il se leva, remit un appât à l'hameçon, lança sa ligne, reprit sa place sur sa chaise et se rendormit.

À la fin de la journée, le grand-père demanda au petit caribou de lui décrire tout ce qu'il avait vu durant cette première journée de pêche. Le petit caribou avait vu beaucoup de choses : une libellule se poser délicatement sur l'eau pour boire un peu, deux ou trois poissons sauter hors de l'eau, un lapin qui s'était assis sur la rive d'en face et qui l'avait longuement regardé, des mouches qui avaient tourné autour de sa tête, des oiseaux qui sautillaient dans les taillis, des caribous qui étaient passés tout près sans dire bonjour.

Le grand-père le remercia d'avoir su observer toute la vitalité de la forêt et de la rivière, et lui fit la promesse de l'inviter le dimanche suivant à revenir avec lui, s'il le souhaitait, à la pêche.

Quand vint le dimanche, le grand-père, tout en marchant vers la rivière, lui dit :

– Je vais te faire une proposition, celle de regarder très attentivement tout ce qui se passe autour de toi.

– Mais je ne peux pas tout regarder, je n'ai que deux yeux ! répondit Jordan.

– Regarde tout ce qui te paraît important et même ce qui ne te semble pas important, insista son grand-père. À l'instant où tu le vois, tu me dis ce que tu vois.

– Mais alors je vais t'empêcher de dormir !

– Justement, cela m'empêchera de dormir ! Tiens, que vois-tu là, à l'instant ?

– Je vois un petit scarabée noir qui traverse le chemin, il porte entre ses pattes de devant une grosse boule, qu'il pousse avec sa tête.

– Très bien, dit le grand-père, et que vois-tu encore ?

– Une araignée qui a tissé des fils entre deux arbres, je vois même un petit insecte qui se débat entre tous ces fils, l'araignée ne bouge pas…

– Oui, elle attend que l'insecte s'épuise. D'ailleurs, arrêtons-nous un instant, tu vas voir, elle va se diriger vers lui et commencer à le manger ou à le mettre en réserve en l'entourant de fils. Que vois-tu maintenant ?

– Je vois que l'insecte a réussi à se libérer en creusant un trou dans la toile d'araignée.

– Bravo, cet insecte ne s'est pas découragé, il a sauvé sa vie, pour l'instant ! Que vois-tu encore ?

– Deux papillons qui sont l'un sur l'autre, là sur cette feuille.

– Oui, ces papillons sont peut-être pressés de faire l'amour. Que vois-tu encore ?

– Là, tout près dans la rivière, trois petits poissons qui jouent ensemble. Ah, il y en a un qui, rapide comme l'éclair, est monté tout droit vers la surface de l'eau et a mangé un petit moucheron qui flottait !

– Je vois que tu sais regarder, que tu sais voir aussi !

– Mais regarder et voir, n'est-ce pas la même chose ?

– Ah non, regarder c'est simplement laisser venir à soi des images à partir de ce qui nous entoure, mais voir c'est en plus donner un sens, une signification à ce qu'on regarde. Beaucoup de caribous se contentent de regarder sans voir réellement ce qu'ils ont simplement regardé !

Et ainsi se passa cette deuxième journée de pêche, durant laquelle le grand-père attrapa seulement trois poissons, qu'il remit délicatement dans la rivière en leur disant :

– Je vous trouve trop petits pour être mangés par mon petit-fils et moi. Heureusement que j'avais emmené quelques sandwichs au fromage et au miel d'acacia !

Eh oui, peut-être que vous ne le saviez pas, mais les caribous aiment beaucoup le fromage avec le miel d'acacia !

Le troisième dimanche, le grand-père vint chercher son petit-fils et durant tout le trajet jusqu'à la rivière, il resta silencieux.

Après avoir installé ses lignes, sa chaise puis mis son chapeau sur sa tête, il offrit au petit caribou une sacoche dans laquelle se trouvait un gros carnet de feuilles blanches et des crayons de couleur.

– C'est pour toi, lui dit-il. Aujourd'hui, je vais te demander de dessiner non pas tout ce que tu vas regarder mais ce que tu pourras voir, ce que tu verras réellement durant cette journée et qui te paraîtra important…

Je ne peux vous décrire tous les dessins que crayonna et coloria le petit caribou, mais je peux vous affirmer que ce jour-là, il vit trois ou quatre choses, c'est-à-dire trois ou quatre situations intéressantes qu'il dessina, coloria et montra le soir même à son grand-père.

Ainsi se déroulèrent plusieurs dimanches, durant lesquels le petit caribou dessina, dessina, remplit même plusieurs carnets. Et un dimanche soir, sur le chemin du retour vers sa maison, il demanda à son grand-père :

– Tu crois que je peux emmener mon carnet à l'école et dessiner tout ce que je vois ?

– Bien sûr, lui confirma son grand-père, je vais d'ailleurs en parler à ta maîtresse pour qu'elle te laisse dessiner tout ce que tu veux !

Ce que je sais, c'est qu'à partir de ce jour-là ce petit caribou ne fit plus aucune difficulté pour aller à l'école. Je sais aussi que bien des années plus tard, il devint un dessinateur célèbre au pays des caribous. Un dessinateur d'albums pour enfants qui savait illustrer avec un grand talent des histoires passionnantes. Des histoires que je vous conseille vivement de lire, de regarder et surtout de voir quand je vous aurai dit le nom de ce dessinateur. À moins que vous ne l'ayez deviné tout seul !

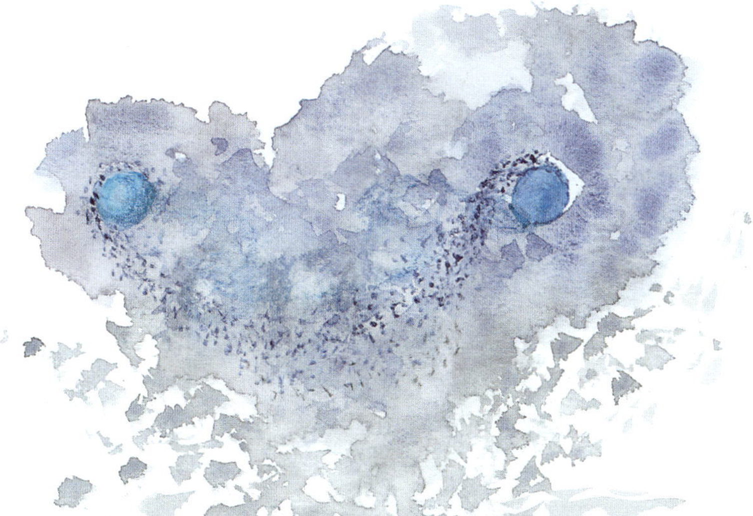

Il était une fois une planète bleue qui cherchait une autre planète avec qui parler

Avez-vous remarqué, lorsque vous regardez le ciel en plein jour, que vous ne voyez en fait qu'une surface parfois bleutée ou d'autres fois plus grise, sur laquelle brille le soleil ou circulent des nuages ? Si vous regardez le ciel durant la nuit, vous apercevez des étoiles qui brillent, la traînée blanche de certains avions et parfois la masse moutonneuse et changeante des nuages, ou encore, les soirs d'orage, des éclairs qui traversent le ciel en zigzag suivis quelques instants plus tard par le grondement du tonnerre.

En fait, que ce soit le jour ou la nuit, vous et moi, en levant les yeux vers les cieux, ne voyons qu'une surface, une apparence de ciel, une sorte de façade. Mais vous savez aussi que derrière cette apparence, il y a tout l'espace de l'Univers. Un espace tellement immense que personne à ce jour ne sait sa dimension. Les savants qui vivent sur la Terre disent que cet espace est infini, c'est-à-dire qu'on ne peut le mesurer, qu'il n'a pas de fin, qu'il est sans cesse en expansion dans toutes les directions et donc qu'il grandit tous les jours et surtout qu'il n'a pas de bord, donc pas de forme, ni de limites.

Vous savez aussi que dans cette immensité, il y a une planète qui flotte comme suspendue dans le vide du ciel. Il s'agit de la Terre sur laquelle nous vivons, avec pas très loin la Lune sur laquelle, pour la première fois, des hommes ont marché en 1969. Il y a aussi quelques autres planètes plus ou moins proches comme Mars, Vénus, Jupiter, Saturne, Uranus, Neptune et bien d'autres plus éloignées. Beaucoup d'autres que des astronomes, à l'aide de leurs télescopes découvrent, étudient avec une patience infinie pour tenter de comprendre l'origine de l'Univers. Il existe des atlas du ciel avec toutes les planètes et les étoiles connues, un atlas qui se modifie souvent, car on découvre pratiquement tous les jours de nouvelles étoiles !

Mais ce que je veux vous raconter concerne une petite planète, toute petite, qui vivait dans l'immensité du ciel. Une petite planète bleue qui se trouvait très seule, trop seule, dans un coin oublié de l'Univers. Elle se sentait perdue dans le noir de cette partie un peu désertique de l'Univers et elle aurait voulu rencontrer une autre planète avec qui elle aurait pu parler, échanger ou même faire des projets.

Si un soir d'été vous levez les yeux vers le ciel, vous pourrez voir des myriades d'étoiles dont certaines sont des planètes. Vues de la Terre, ces étoiles paraissent proches les unes des autres, alors qu'elles sont très éloignées, chacune perdue dans une très grande solitude, à des millions de millions de kilomètres des autres. À des années-lumière. Alors, en imaginant la solitude de la petite planète bleue, vous pouvez avoir une pensée pour elle. Lui envoyer un clin d'œil pour l'encourager à ne pas se désespérer, lui souhaiter qu'un jour elle puisse rencontrer une autre planète, lui parler, lui dire ne serait-ce que bonjour, lui adresser un signe amical.

Même les planètes et les étoiles ont besoin de relations, ont besoin d'échanger, de partager, d'être entendues.

Le conte de la petite alouette qui voulait acheter un miracle pour que sa sœur guérisse

Il était une fois une petite alouette qui s'appelait Myriam mais que tout le monde appelait Nicki. Nicki était une enfant très vive et très généreuse, mais qui avait du mal à être totalement heureuse car sa grande sœur était malade. Et la maladie de sa sœur la rendait très triste. Bien sûr elle cachait sa tristesse pour ne pas faire de peine à ses parents, qui avaient, comme vous devez le comprendre, beaucoup de soucis. Mais tout au fond d'elle-même, elle sentait aussi dans son ventre une boule de colère, et même si elle avait du mal à le reconnaître, elle éprouvait de la jalousie envers sa sœur. Car la maladie accaparait ses parents qui consacraient beaucoup d'attention et de temps à cette sœur malade. Le soir dans son nid, Nicki, toute blottie au fond de son lit, trouvait que sa sœur, vraiment, recevait beaucoup trop d'affection de la part de son papa et de sa maman, une affection dont elle avait l'impression de ne recevoir que des miettes. Dans sa tête c'était la tempête : « C'est pas juste, criait-elle, c'est pas juste ! » Certains soirs, elle tentait d'imaginer comment elle pourrait avoir elle aussi une maladie. Une maladie de préférence grave, mais qui ne la ferait pas souffrir, une maladie juste pour capter un peu d'attention et d'amour de la part de sa maman et surtout de son papa.

Il faut vous dire que sa sœur avait une maladie rare, qui paralysait totalement une de ses ailes, ce qui fait qu'elle ne pouvait pas voler. Si en été vous avez eu la chance ou le plaisir de voir s'envoler brusquement une alouette au-dessus d'un champ de blé tout blond, vous avez dû vous émerveiller de son habileté à s'élancer comme une flèche, droit vers le bleu du ciel, puis à tourner brusquement à droite ou à gauche et, telle une étoile filante, disparaître dans la lumière du soleil. Vous comprenez donc que l'essentiel de l'existence d'une alouette, c'est de voler du matin au soir.

Nicki avait souvent entendu sa maman dire à des voisines, en parlant de sa fille malade, si pâle, si maigre, si triste de ne pouvoir voler :

– Seul un miracle pourrait la guérir !

Et Nicki la petite alouette toute vivante, à la fois généreuse, jalouse et triste, se demandait certains matins en se réveillant : « Mais où peut-on trouver quelqu'un qui sait faire des miracles ? Où peut-on acheter un bon miracle qui guérirait ma sœur ? » Elle se sentait prête à faire des économies, à se priver en n'achetant plus de jouets, de chocolat, de bonbons et même à renoncer à demander pour Noël les boucles d'oreilles dont elle rêvait pourtant, les mêmes que celles de sa copine Emma. D'un seul coup sa jalousie s'apaisait, sa colère se dissipait, elle ne voulait plus être malade, mais au contraire très active pour trouver le miracle qui guérirait sa sœur.

Dans sa tête, elle se demandait s'il existait au monde un magasin, une boutique, une grande surface où elle pourrait trouver des miracles en vente. Y aurait-il un endroit où elle pourrait acheter le miracle dont parlait sa mère ? Ou alors faire un échange : « Je pourrais donner mes deux poupées préférées et même mon nounours... Non, pas mon nounours, il serait trop triste si je le donnais, j'offrirais plutôt ma boîte de peinture ! Je pourrais aussi l'échanger, si le vendeur est d'accord, contre du travail, contre des privations, contre un autre miracle que je peux inventer ! Par exemple décider de ne plus jamais être jalouse de ma sœur ! Ou encore un miracle plus difficile à accomplir : ne plus manger de chocolat ! »

Mais pour pouvoir acheter un miracle, encore faut-il savoir quel est son prix. Aussi Nicki se renseignait-elle, demandant à tous ceux qu'elle rencontrait :

– Est-ce que vous sauriez, vous, le prix d'un bon miracle, d'un vrai miracle, d'un miracle qui puisse guérir ma sœur ?

Et le plus curieux, c'est que toutes les personnes à qui elle s'adressait avaient une réponse, comme si chacune d'entre elles fréquentait les miracles au quotidien ! L'une répondait :

– Tout d'abord il faut prier !

– Mais prier qui ?

– Le dieu ou le saint auquel on croit !

Une autre affirmait :

– Il faut y croire très fort, y penser tous les jours, écouter les signes.

– Mais quels signes ?

– Des signes qui viennent du ciel, de tes rêves, de ton imaginaire…

– Mais combien ça coûte un miracle ? demandait Nicki.

– Un miracle n'a pas de prix, on peut mettre toute une vie pour le payer !

Quelqu'un un jour lui assura :

– Le prix d'un miracle se paie d'abord en étant capable de l'accueillir quand il se présente à toi et ensuite en remerciant la VIE chaque matin du reste de ton existence d'avoir placé un miracle sur ton chemin !

Nicki entendit aussi quelqu'un lui dire :

– Un miracle est toujours gratuit pour celui qui le donne et donc il ne coûte rien à celui qui sait le recevoir.

Et puis, un jour, Nicki capta un signe. Un signe qui se trouvait dans le journal que lisait son papa. Un docteur, dans un pays qui se situait tout au bout de l'Afrique, avait pu greffer une aile à une hirondelle. En fait, ce médecin avait conçu une prothèse en plastique, très légère, pour une hirondelle qui avait eu une aile arrachée dans un accident. L'article du journal expliquait même que cette prothèse permettait à l'hirondelle de voler très haut dans le ciel et même de battre un record d'altitude !

« Le voilà le signe ! pensa Nicki, je vais écrire à ce médecin, je vais lui dire que je ferai tout mon possible pour trouver l'argent nécessaire à l'opération, et comme ça, après, ma sœur pourra voler avec moi, et mon papa et ma maman seront très heureux ! »

Nicki écrivit au médecin de ce pays lointain. Ce docteur, en recevant la lettre, fut très touché par la demande de cette petite alouette. Il accepta d'opérer sa sœur bénévolement, c'est-à-dire gratuitement ! L'opération fut réussie. Sa sœur put enfin voler et même s'envoler très haut dans le ciel, en criant de joie.

La suite de ce conte, je vous laisse l'inventer. Car vous savez maintenant qu'au pays des alouettes comme chez les humains, les miracles ne s'achètent pas mais qu'il est toujours possible d'oser en créer avec beaucoup d'amour et un peu de rêve.

Postface pour rêver encore un peu…

Il était une fois…

Ainsi commencent, vous le savez, tous les contes.

Les vrais contes comme les autres. En fait, les contes, c'est comme les histoires, ils sont tous vrais, surtout ceux qui sont inventés ! Ils vont souvent se révéler plus vrais que les vrais, car ils contiennent des mots qui sont comme des étoiles dans les nuits les plus obscures ou des rires dans les yeux d'un enfant…

Il y a deux sortes de contes : ceux pour les enfants et ceux réservés aux ex-enfants que l'on appelle des « adultes ».

Les contes circulent de bouche à oreille, les yeux dans les yeux, ils sont imprimés dans les livres ou simplement enregistrés dans la mémoire dormante mais fertile de ceux qui les gardent en attendant de les raconter ou de les écrire.

Il était une fois, il y a si longtemps que je n'étais même pas né, un petit écureuil qui demanda à sa maman :

– Dis, maman, c'est vrai que papa et toi vous m'aimerez toujours, même si je ne suis pas sage ?...

Je sais ce que la maman répondit cette fois-là.

Et le lendemain le petit écureuil demanda :

– C'est vrai, maman, que les hommes sont allés sur la Lune ? Tu crois que nous aussi on pourra un jour aller sur la Lune ?

Et je sais aussi ce que la maman répondit à son petit, car je suis présent dans toutes les histoires que j'ai inventées ou qui ont traversé ma longue vie. C'est d'ailleurs pourquoi je peux vous les raconter.

Il était donc une fois, il y a très longtemps, un petit garçon qui n'avait pas été reconnu par son père, ce qui fait que sa mère travaillait tous les jours du matin au soir – ou plutôt de l'aube jusque tard dans la nuit. Donc, vous l'avez compris tout de suite, cette mère, malgré tout l'amour qu'elle portait en elle pour son enfant, n'avait pas le temps de lui raconter des histoires.

C'était une mère qui n'avait jamais vu personne, dans sa propre enfance, prendre le temps de s'asseoir près d'elle ou la prendre sur ses genoux pour lui raconter un conte ou une petite histoire, même toute petite. Des contes où il y aurait eu des fées bienfaisantes, avec le pouvoir, d'un seul coup de leur baguette magique, de transformer la réalité, de la rendre plus belle, plus heureuse, de faire découvrir un trésor à un homme pauvre ou encore de métamorphoser en princesse une petite bergère.

Cette mère ne savait pas qu'elle aurait pu murmurer, si elle avait été moins fatiguée, à son enfant, le soir avant qu'il ne s'endorme, de belles histoires peuplées de héros intrépides, courageux et invincibles, d'héroïnes belles comme un matin de printemps, ensoleillées comme un jour d'été ou languides et rêveuses comme une soirée d'automne.

Aussi ce petit garçon, que j'ai bien connu, apprit-il très tôt à inventer pour lui-même des histoires. Tout d'abord pour se tenir compagnie, pour avoir quelqu'un, lui-même, à qui parler. Il se racontait des contes pour colorer ses journées, pour apprendre à affronter la réalité, pour se construire aussi, se consolider, pour grandir de l'intérieur, car c'est la grande vertu des contes de nous apprendre à voir bien au-delà du réel et de l'instant, pour les prolonger dans des rêves, pour commencer à construire dans notre imaginaire un peu d'avenir, un autre avenir.

Un avenir différent de la réalité qui entourait cet enfant. Alors, à tout moment de la journée, il se racontait, pour lui tout seul, une multitude d'histoires. À chaque instant, comme avant d'aller à l'école, le nez plongé dans son bol de lait, ou encore en grignotant sa tartine de pain sans confiture ou sans beurre, mais dont chaque miette contenait tout l'amour de sa mère. Ou sur le chemin de l'école, en faisant un grand détour pour ne pas passer devant celle des filles et éviter ainsi des moqueries ou des commentaires sur ses vêtements trop usés, rapiécés, trop petits parfois ou trop grands pour lui, suivant les saisons, même si, chemin faisant, il était le compagnon favori de Robin des Bois qui lui donnait de précieux conseils. Lui seul savait que certains matins il était le page d'Ivanhoé et d'autres jours le copain de Croc Blanc !

Et bien sûr – car comment aurait-il survécu autrement ? – il se racontait des histoires durant les cours, ce qui lui valait d'être toujours le dernier au classement de chaque mois et qui l'arrangeait bien d'ailleurs ! Ainsi il pouvait rester tout au fond de la classe, près du poêle, à la place réservée à ceux qui ne savent pas les leçons, ne font pas leurs devoirs, ne peuvent répondre aux questions, tous ceux qu'on appelle des « cancres ». À cet endroit-là justement, tout près du poêle qui ronronnait l'hiver durant, dans la chaleur toute proche, il pouvait inventer à son aise des tas d'histoires. Des histoires qui se passaient dans le Grand Nord en compagnie des trappeurs et des Eskimos, ou en Russie chez les Tartares, en Terre de Feu où, comme son nom ne l'indique pas, il fait très froid, où soufflent des vents d'une violence extrême. Il imaginait aussi qu'il vivait chez les Lapons, grands éleveurs de rennes, et qu'il avait apprivoisé un loup qui était devenu son compagnon préféré. Il aimait beaucoup cette histoire-là, qui racontait son amitié avec un loup !

Au printemps, vous auriez pu le voir, si vous aviez été dans sa tête, descendant des rapides tumultueux sur l'Orénoque, pagayant farouchement sur le Mississippi pour échapper à une bande de pillards, ou traversant en radeau les Grands Lacs d'Amérique du Nord pour rejoindre une tribu amie d'Indiens qui lui apprenaient comment il faut toujours faire un cadeau pour remercier le bison que l'on s'apprête à tuer et qui nourrira plusieurs familles tout l'hiver. Il apprit avec eux beaucoup de choses : comment nager sous l'eau, allumer un feu de bois et cuire un poisson au bout d'une branche, fumer le calumet de la paix. Il apprit à grandir de l'intérieur.

Tous ces détails et ces digressions pour vous dire que les contes sauvèrent la vie de ce petit garçon. Sans eux, je ne crois pas qu'il aurait survécu au monde qui l'entourait.

Alors, plus tard, devenu un peu plus grand, il a décidé de rassembler quelques contes pour les proposer aux enfants et aux ex-enfants qu'on appelle, comme vous le savez déjà, des « adultes », en pensant que cela pourrait les aider eux aussi à grandir de l'intérieur et donc à mieux vivre.

J'ai pu ainsi, à son contact, en cueillir quelques-uns, que j'ai parsemés dans ce livre.

Des petits riens de rien du tout, des petits riens ouverts sur tous les possibles.

Table

DU MÊME AUTEUR

AUX ÉDITIONS ALBIN MICHEL

La Ferveur de vivre
Je viens de toutes mes enfances
Bonjour tendresse
Paroles de rêves
Paroles d'amour
Paroles à guérir
Les Mémoires de l'oubli
N'oublie pas l'éternité
Car nous venons tous du pays de notre enfance
Pour ne plus vivre sur la planète Taire
Tous les matins de l'amour ont un soir
Lettres à l'intime de soi
Je m'appelle toi
Pensées tendres à respirer au quotidien
L'Enfant Bouddha

AU LIVRE DE POCHE

Pourquoi est-il si difficile d'être heureux ?
Papa, maman, écoutez-moi vraiment !
Contes à guérir, contes à grandir
Contes à s'aimer, contes à aimer
Contes d'errance, contes d'espérance
Je viens de toutes mes enfances
Je croyais qu'il suffisait de t'aimer
Osez travailler heureux

CHEZ POCKET

Heureux qui communique

T'es toi quand tu parles

Le courage d'être soi

Une vie à se dire

À qui ferais-je de la peine si j'étais moi-même ?

La vie à chaque instant

Passeur de vie

Si je m'écoutais… je m'entendrais !

Vivre avec soi

Vivre avec les autres

Vivre avec les miens

Aimer et se le dire

Et si nous inventions notre vie ?

AUX ÉDITIONS JOUVENCE

Apprivoiser la tendresse

Petit cahier d'exercice : Apprendre à s'aimer

CHEZ GUY TRÉDANIEL ÉDITEUR

Aimer l'amour

Aimer c'est plus que vivre

AUX ÉDITIONS DU RELIÉ

Manuel de survie dans le monde du travail

Composition IGS-CP
Impression et reliure Pollina en février 2014
Éditions Albin Michel
22, rue Huyghens, 75014 Paris
www.albin.michel.fr
ISBN : 978-2-226-25394-1
N° d'édition : 21168/01. N° d'impression : L67846
Dépôt légal : mars 2014
Imprimé en France